JN096754

# 新たな時代の
# ジェンダー・イシュー

## 性差と育児、科学と女性を問う

信田 理奈・村上 涼

［編著］

三恵社

# まえがき

　世界経済フォーラムのジェンダー・ギャップ指数（Gender Gap Index）をみるたびに、日本が先進国であることに疑念を持つ。2019 年の順位は 153 か国中 121 位、G7 最下位どころか、OECD 加盟 36 か国のなかでワースト 2 である。ジェンダー平等において日本は後進国といわざるを得ない。

　そもそもジェンダー平等への世界的な取り組みが本格化するのは 1975 年の国際女性年以降である。女性差別撤廃条約やナイロビ将来戦略などが採択され、一定の成果がもたらされた。日本も条約の批准や国内法の整備を進めてきたが、ジェンダーに基づく差別や偏見は依然として根強い。

　2018 年 9 月、医学部入試における女性差別問題が大きく報道されたことは記憶に新しい。その後の文科省による緊急調査では、過去 6 年に約 8 割の医学部で男子受験生が優遇され、男子が多く合格している実態が明らかとなった。「教育の機会均等」を否定する状態が、一部の大学で常態化していたのである。某私立大の説明によれば、「女子のコミュニケーション能力は高いため、男子受験生の点数を加点した」という。そもそも医師にとってコミュニケーション能力は不可欠な資質である。しかも「女性は医師になっても結婚や出産でいったん離職するため、女性医師が多くなると医療現場が崩壊する。よって差別は仕方がない」という妙な理論まで報じられた。また「結婚や子育てはどうするの？」といった質問も女子受験生だけを対象に行われてきた実態が明るみになった。日本の女性医師が OECD

諸国のなかで最も少ないという理由も頷ける。

　学問の世界も男性中心の歴史が続き、女性は排除されてきた。たとえば、社会科学の分野では「人間＝男性」とされ、男性を研究対象とすることで人間社会を捉えようとする動きが主流だった。これに対する批判はフェミニズムが台頭する 1970 年代を中心に高まり、その後、サンドラ・アッカー（Sandra Acker）は「女性のいない世界（No-Woman's Land）」として鋭く批判している（1994）。近年では、ロンダ・シービンガー（Londa Schiebinger）が、「ジェンダード・イノベーション（Gendered Innovations in Science）」の概念を提唱し、世界的に受容されつつある。それは「すべての人々に適した真のイノベーションを創り出すには男女の性差を理解し、それに基づいた研究開発を重視しなければならない」という考え方であり、これまでの男性を基準とした科学へのアンチテーゼでもある。

　そこで本書はジェンダーの視点に立ち、結婚、家族、育児、労働、教育、学術における男女の性差とバイアスの実態を明らかにし、多様な課題の提示と解決の糸口を探った。一般読者をはじめ、大学・大学院の専門科目やゼミナールにも活用できるように編集しており、本書を通じてジェンダーへの関心を深め、ジェンダー問題について考える一助になれば幸いである。

　最後に本書の刊行に際して、多大なご配慮をいただいた㈱三恵社の木全俊輔氏に対し、深く謝意を表したい。

2020 年 3 月

編者　信田　理奈

# 著者紹介　　（執筆順）

## ❏ 村上涼（むらかみ　りょう）　▲第１．２．３章

日本女子大学大学院人間社会研究科心理学専攻博士後期課程単位取得
満期退学

**現　　　在**　江戸川大学メディアコミュニケーション学部こどもコミュ
ニケーション学科准教授

**専門領域**　保育の心理学、発達心理学、臨床発達心理学

**主な著書**　『子どもの発達の連続性を支える保育の心理学』（共著、保
育出版社、2019)『保育を深めるための心理学』（共著、花伝社、2018）、
『理論と子どもの心を結ぶ保育の心理学』（共著、保育出版社、2012)

**社会活動**　東京都北区男女共同参画審議会委員（2014-16)

## ❏ 信田理奈（のぶた　りな）　　▲第４．５．６章

早稲田大学大学院文学研究科教育学専攻博士後期課程単位取得退学

**現　　　在**　大妻女子大学、東京家政学院大学、日本赤十字看護大学、
秋草学園短期大学ほか兼任講師

**専門領域**　教育社会学、人権・教育とジェンダー

**主な著書**　『人間中心の開発とジェンダー：共生社会の実現に向けて』
（単著、三恵社、2013)『ジェンダー平等の国際的潮流：国際女性年(1975)
以降の動きを通して』（単著、三恵社、 2015)『ジェンダーが拓く未来：
多様性と包摂性の尊重に向けて』（共著、一粒書房、2016)

**社会活動**　新宿区次世代育成協議会委員（2011-13)、新宿区男女共同
参画推進会議委員（2012-14)

# 目　次 contents

# 第❶章

## 心理学における性差と性別役割獲得理論

　心理学においても、研究対象として性差が扱われてきた。たとえば、発達の過程における男女差の研究や母子研究として女性に焦点を当てた研究、**性別役割尺度**のような心理検査の開発などである。すなわち、男女は異なっていることを自明のこととして性を研究対象としてきた。本章では、はじめに性差へ取り組んできた心理学領域の研究の系譜について概説する。次に、**性別役割獲得**の古典的な理論について概説し、その理論に隠されているジェンダーの視点について述べる。最後に、誕生から青年期までの発達と性別役割獲得がどう関わっているかについて概観する。また、発達過程における性別役割形成へ影響を与える要因として、社会化の要因と生物学的な要因について取り上げる。

### 1. 心理学における性差の捉え方

　性には、人間の生物学的・身体的な性（Sex）と心理・社会的な性（gender）がある。心理学ではこれらの両方の性差が存在することを自明のこととして、研究や理論を展開してきた。これまでの性差に関わる心理学の研究の流れは、主として以下の3つに分かれる（湯川 1990）。

第一は、**性別役割**や性差自体を扱う研究領域が作られてきたことである。性別役割の度合いを測定する性別役割尺度の開発や**性別役割取得**についての発達理論、さらにはさまざまな特性における性差の検討がこれにあたる。具体的には、たとえば男児と女児の遊びの形態の違いに焦点を当てる研究や、定型発達の指標として、発達検査のなかに自分の生物学的性別判断の課題が含まれていることなどである。ちなみに、これらの発達検査（たとえば新版 K 式発達検査）は、現在の公的健診において保健所や発達支援センターで活用されており、生物学的性別判断は 3 歳〜3 歳半の検査課題（新版 K 式発達検査）となっている。検査は、生物学的性に合った性別を答えることができれば、標準の発達をしていると判断される判定となっており、多様な性に合わせた発達検査は今のところは存在しないといえる。

　第二は、発達理論の中に性差や性別役割の考え方が含有される形で、研究されてきた点である。含まれ方にはふたつの視点があり、ひとつは男性を基準にして組み立てた理論に照準を合わせて女性の発達も捉える考え方で、たとえば、Kohlberg,L.の道徳性の発達や、Erikson,E.H.の生涯発達論がこれにあたる。

　もうひとつは、男女は異なることを前提として理論を展開する視点である。Freud,S.の**精神分析理論**（同一視理論）がこれにあたる。この理論によれば、男児と女児では同一視する対象が男児は父親であるし、女児は母親であるというように別の過程を辿るとしている。

　第三は、女性の「産む性」が強調され、主として母子関係の研究に焦点が当てられてきたことである。**母性行動**[(1)]は母親が担うこと、また育児は暗黙のうちに女性の役割であると考えら

れていたからこそ、数多くの母子関係の研究がなされ、父子関係には焦点が当てられてこなかった。

　以上のような系譜は、「性差が存在する」ことが前提にあってこそ成り立っていたと考えられる。昨今のようにトランスセクシュアルやインターセクシュアルなど多様化した性を研究するときには、これまでの性差研究の流れのなかでの位置づけや、もしくは性差そのものの捉えなおしの必要性が問われる。

## 2.　性別役割獲得の理論

### （1）性別役割獲得の古典的理論

　子どもが**性別役割**を獲得していく過程について、心理学の領域では 3 つの理論がよく知られている。精神分析理論、**社会的学習理論**、**認知発達理論**である。

　Freud,S.による精神分析理論（同一視理論）は、男児が母親への思慕から父親をライバル視するとともに恐れの感情も抱くと考えている。これが**エディップス・コンプレックス**(2)である。父親への恐れの感情から逃れるために、自分と父親を同一視する。一方、女児の場合には男根羨望から父親への思慕を持ち、母親をライバル視しながらも父親に愛されている母親と自分を同一視する。女児の場合には、**エレクトラ・コンプレックス**(3)といわれる。

　社会的学習理論は Bandura,A.や Mischel,W.による考え方が基盤となっており、**モデリング行動**によって、性別役割を獲得するという考え方である。子どもは社会化する過程で、同性の

親や周囲の大人の行動を観察することで模倣し、学習する。大人の行動を見ただけで学習も成り立つ場合もあるが、その行動をしたときに誉められることや、ごほうびなどの報酬があることで行動が強められ、学習が成立する。この理論によれば、性別役割は、強化、観察、模倣の原理によって学習すると考えることができる。

Kohlberg,L.による認知発達理論は、子どもが知識や思考の力を獲得していく認知発達の過程で、自分自身の生物学的な性に気づき、性別役割の理解が進むという考え方である。性別役割の理解は、子どもが環境を認知していく過程で生じると考えられていて、さらに他の領域の認知発達と連動しながら進むと捉えられている。およそ6歳になると、恒常的な性別役割を獲得することができ、自分の性別に適応した行動をとれるようになる。それ以前の年齢では、時間の経過によって性別が変わると考えることや、服装など外見にとらわれるなど、自己だけでなく他者に対しても性別判断が流動的である。

以上のような理論に基づく性別役割の獲得が始まるのは、少なくとも自分の性別に気づく3歳頃からであると考えられる。3歳までの間に親や保育者、周囲の大人は、子どもへ働きかけることで生物学的性への気づきを促していく。この促しが生物学的性に気づかせるだけでなく、社会文化的な性も同時に作り上げていくといえる。

## （2）古典的理論のなかに隠されたジェンダー

しかしながらここで留意しなければならない重要な点があ

る。よく知られているこれらの 3 つの理論は、すべて男性の発達過程をもとに作られているという点である。そのため、女児に当てはめるには適当ではないとする考え方も存在する（Gilligan,1982;Brooks-Gunn & Matthews,1979）。たとえば、Freud,S.の理論のなかでは、男児のエディプス・コンプレックスと女児のエレクトラ・コンプレックスという形で、一応は男女別に同一性を説明してはいるが、その性差の説明の準拠枠は、明らかに男児に焦点を当てて構築されている。このことはFreud,S.が、思春期の女性が自分の性を再認識することは、自分が去勢された存在である事実を認識し、受け入れることであると主張していることからも明らかである。

　また、Gilligan,C.は、Kohlberg,L.の道徳性の発達モデルが男性のみに焦点を当てた結果から導き出されたと異議を唱え、そのモデルに女性の発達が沿わないと主張した（Gilligan,1982）。Gilligan は、道徳性の判断時に男性は正義に基づいて判断するが、女性は人間関係の円滑さを重要視した他者への配慮や義務・責任感に基づいて判断をするという違いがあることから、同じ発達モデルの俎上に乗せることができないと考えた。

　このように広く知られている性別役割獲得の理論のなかには、すでに偏りのある視点が含まれていることを踏まえておく必要がある。

## （3）ジェンダー・スキーマ理論

　上述の 3 つの理論よりも新しい**ジェンダー・スキーマ理論**は、情報処理の考え方を取り入れている。私たちは様々な情報を処

理する際に、無意識のうちにジェンダーの枠組みを使用していることがある。このような認知的枠組みをジェンダー・スキーマといい、発達の過程で次第に作られていく（Bem,1981）。性差に関わる情報をキャッチしたときには、このスキーマを利用してその情報を処理していると考えられ、その構造には個人差がある。そのため、この理論の利点はこれまでの理論では説明の難しかった個人差を説明できることが挙げられる。

Bem,S.L.によれば、強固なジェンダー・スキーマを持っている人は、認知した事象の大部分をこのスキーマに照らし合わせて処理する傾向がある。ジェンダー・スキーマが個人内に作られていく過程は、上述の社会的学習理論と認知的発達理論で説明できると考えられている。すなわち女性が女性らしさを、男性が男性らしさを形成して社会化していくことは個人内にジェンダー・スキーマが作られることを意味する（Bem,1981）。

このようなジェンダー・スキーマを作り上げる情報源は、誕生と同時に環境設定されており、子どもはその環境から情報を取捨選択して自分なりのスキーマを次第に作り上げていく。


## 3. 発達過程で形成されるジェンダー役割

### （1）乳幼児期 −性別の認識過程と性別役割行動の芽生え−

子どもは誕生したときから、その性別のステレオタイプな環境に置かれる。女の子であれば、ピンク色の洋服やおままごとやお人形、男の子であれば青い服にミニカーや電車が用意され、周囲からの言葉がけもその性別に合わせた内容となる。このよ

うな誕生した時からの環境や、周囲の対応の違いを経験するに従い、1歳には接する大人の性差に応じて自分の対応を変えるようになる（Brooks-Gunn, & Lewis, 1976）。2歳には、性別役割概念の萌芽がみられる。そのことは、2歳児が自分の性別にステレオタイプな玩具を選択するようになることに表れている。さらに、2歳以前の16か月頃からすでにステレオタイプな玩具を選択するという報告もある（O'brien & Huston, 2001）。

　このようにあらかじめ性差のある生活環境に置かれることで、2歳頃から**性の同一性**の基盤がゆるやかに形成され始め、およそ3歳には自分の性別がわかるようになっていく。保育所や幼稚園でも、3歳児クラスで「男の子と女の子に分かれてください」と子どもたちに伝えると、グループごとに分かれることができるようになる。

　対して2歳頃は、この世の中にふたつの性があることはわかるが、性の同一性の理解については、明日になると変わるかもしれない、また服装によって変わるかもしれないと考えており、流動的である。3歳になって**性の安定性**の理解を経て、4歳から6歳にかけて、性別はそのまま不変であることがわかる**性の恒常性**の理解が進む。つまり、男の子のような半ズボンを履いていたとしても、女の子は女の子のままであるという服装や行動などでは、性別が変わらないことを理解する。

　恒常性が進むとともに、女の子らしさや男の子らしさという性別のステレオタイプな反応がみられるようになる。生物学的な性がわかるようになってから、周囲の大人の関わりや、大人自身の行動が、この子どもの内的なステレオタイプ形成に関わっていく。たとえば、男の子がおもちゃのアクセサリーをつけ

て化粧パフで顔をはたいて遊んでいれば、「男の子なのに」とい
ぶかる大人もいるであろう。そのような価値観が少しずつ子ど
ものなかに浸透して、性別役割概念が作られていく。

| 年齢 | 社会的要因 | 認知発達 |
|------|-----------|----------|
| 1～2歳 | 物理的環境（遊具、絵本やTV等のメディア、園環境等）、家族、保育者等周囲の人々からの影響を受ける。 | ○性別ラベルによって事物を分類<br>○男女別に外見でカテゴリー化<br>○遊び仲間の性別による選択<br>○性別の模倣行動がみられる<br>○接する大人の性別によって対応を変える |
| 3歳 | 物理的環境、遊び仲間、家族、保育者等周囲の人々の影響を広く強く受ける。 | ○自分の性別を答える<br>○時間が経過しても性差は不変である（性の安定性） |
| 4～6歳 | 物理的環境、家族、保育者、学校の友人・先生等周囲の人々、行動範囲は広くなり、影響を受ける人の幅や人数は広くなる。また、主体的に環境から自分で選択して取り入れる。 | ○状況や行動、服装が変化しても性は不変である（性の恒常性）<br>○性のステレオタイプな反応がみられる<br>○性役割概念が作られていく |

表1-1 性別役割の発達過程と影響する社会的要因

　筆者の知っている幼稚園では、髪をツインテールにしてくる
男児がいて、3歳児クラスでは彼に対して誰も何も言わなかっ
たが、4歳児クラスの終わりになると「○○くんは、どうして
男の子なのにツインテールなのか？」と疑問を発する子どもた

ちの姿がみられるようになった。このような性別役割の発達過程と、それに影響する社会的要因を整理すると表 1−1 のようになる。

| 表 1−2 | 幼児と小学生の大人になったらなりたいもの | | |
|---|---|---|---|
| 順位 | 男子 | 順位 | 女子 |
| 1 位 | サッカー選手（12.1%） | 1 位 | 食べ物屋さん（15.5%） |
| 2 位 | 学者・博士（5.5%） | 2 位 | 保育園・幼稚園の先生（7.1%） |
| 3 位 | 警察官・刑事（5.3%） | 3 位 | 学校の先生（習い事の先生）（5.8%） |
| 4 位 | 野球選手（5.0%） | 4 位 | お医者さん（5.3%） |
| 5 位 | お医者さん（4.7%） | 4 位 | 看護師さん（5.3%） |
| 5 位 | 食べ物屋さん（4.7%） | 6 位 | デザイナー（4.9%） |

注：調査対象は、全国の未就学児と小学 1〜6 年 1100 人（男 379 人、女 721 人）
出典：第一生命保険株式会社「第一生命 2016 年夏休み子どもミニ作文コンクールアンケート『大人になったらなりたいもの』所収：日本子ども資料年鑑 2018

　表 1−2 は、2016 年調査の「幼児と小学生の大人になったらなりたいもの」である。男児に比較して、女児の方はケアに関わる仕事が上位にきている。また、女児の方が「保育園・幼稚園の先生」「学校の先生（習い事の先生）」と、自分が通園・通学している先の大人をモデルとしていることがわかる。男児の

方が、自分の父親や身近な男性さらにはメディアのなかにまで多くモデルが存在するのに対して、女児の方が職業を持っている身近な女性のモデル自体が少ないため自分を投影できるのは、園や学校の先生（特に園の先生は圧倒的に女性が多い）となったと予測できる。

性別役割概念が作られていくにつれて、性別役割への柔軟性は上がると考えられている（Carter & Patterson, 1982; 相良, 2000）。性別役割への柔軟性とは、男女にともに同じ振る舞いや態度、行動をしてもよいのだという思考や姿勢のことである。認知発達が進むにつれて、獲得した性別役割に関する知識を、自分の体験と合わせて深く考えることができるようになり、柔軟性が上がっていく（相良, 2000）。

また、柔軟性へ影響する要因として、同性の親の性別役割観との関係がわかっている（Sagara & Kang,1998）。相良（2000）によれば、このような要因の内容には性差があり、男児は父親の家事参加、視聴する TV 番組の数というメディアからの影響がみられ、女児は親が男性的な職業を期待することが影響する。

## （2）児童期 − 性別役割観の形成と性別役割同一性 −

児童期には、行動・活動面での男女の分化が進む。たとえば、友人関係においては、女児は少人数で親密なグループを構成し、交換日記や内緒の話をするなど心理的なやりとりを楽しむ関係性を構築する。対して男児は遊びを中心にした結び・つきがみられ、広く浅い関係を作り上げる。このような分化が顕在化することで、男女それぞれの性に合った**性別役割観**を形成してい

く。この性別役割観の形成に、**ジェンダー・ステレオタイプ**が大きな影響を与える。ステレオタイプとは、Allport（1961）の定義では「カテゴリーと結びついた誇張した思い込み、カテゴリーに照らす行為を正当化するもの（Allport（1961）;原谷・野村共訳（1968）の p.168 L.20 から直接引用）」である。

　これに従えば、ジェンダー・ステレオタイプとは、男性・女性という生物学的性のカテゴリーに基づいた誇張した思い込み、すなわち、固定的な認知のことを指すといえる。たとえば、典型的なステレオタイプとして、男性性はリーダーとして行動する、積極的な、野心的な、分析的な、自己主張的な、とみなされ、女性性は情愛細やかな、明るい、子どものような、あわれみ深い、温和なとみなされることが挙げられる（Bem, 1974）。

　児童期は、いわば社会の一員となるために社会化の教育や場面に触れる機会が増える時期でもある。その社会化の過程で家庭や学校教育および友人関係、多様なメディアなどから影響を受けることで、ステレオタイプを形成していくものと考えられる。

　また、このようなステレオタイプを含みながら形成された性別役割観を友達にもあてはめることから、学校生活において自分の性に合った性別役割観を有していることは、集団への適応のためにも重要な要因となってくる。

## （3）青年期 – 性別役割観と性別役割同一性の再構築 –

　青年期に入ると身体が急激に変化する第二次性徴を迎えることにより、自身の中でも Sex としての性が改めて意識されて

くる。そのため社会文化的なジェンダーを中心として作成して
きたこれまでの性別役割観や**性別役割同一性**を、再構築する必
要が出てくる。

この再構築の作業において、女子の方に葛藤がみられること
がわかっている（山本，1984；伊藤・秋津，1983；湯川，1983）。
その理由として、社会から期待される青年女子の性別役割特性
と、自身が理想とするもしくは望む役割特性内容と一致しない
ことが挙げられる。さらに、青年男子の特性の方が社会的に優
位で理想的な内容であるため、青年女子は男性役割を望む傾向
がある。

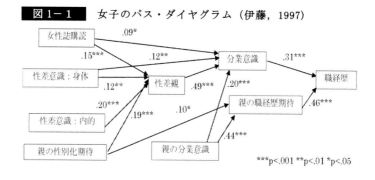

**図1−1**　　女子のパス・ダイヤグラム（伊藤，1997）

このような男女の顕著な違いは、**性差観**の形成要因の違いに
も表れている。性差観とは伊藤（2000）が、Bem（1981）のジ
ェンダー・スキーマに近い概念として提唱しているもので、「人
が自分を取り巻く環境を認知するときの性（ジェンダー）に関
する認知的枠組み（伊藤、2000：p.43　L.5から直接引用）」の
ことである。この性差観がどのような要因によって形成されて

いくのかを、青年期の男女を対象として調査したところ、青年
男子は図1－2が示すように学校が共学であるか男子校である
かといった状況要因から影響を受けるのに対して、女子の方は
図1－1のように両親の性別役割態度や期待の影響を受ける（伊
藤、1995、1997）。

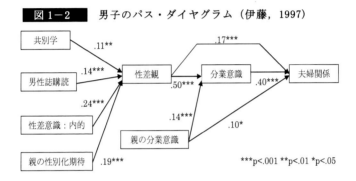

**図1－2**　　男子のパス・ダイヤグラム（伊藤，1997）

すなわち女子の方が親の関わる要因からの影響を受けやす
く、さらには職経歴選択（結婚退職型、出産退職型、再就職型、
就業継続型）においても、親の期待や親自身の性別役割分業意
識の影響を受けることが明らかとなっている。

このことは、青年女子の方が個々の家庭環境に応じた性別役
割観を作る可能性の高いことを示しており、男子に比べて多様
な性差観を持ちやすいと考えられる。社会で広くみられる男性
優位な性別役割観とのズレや葛藤を女子が感じやすい要因に
なっている。

## （４）キャリアモデルとしての同性の親

　青年女子が葛藤を感じるライフイベントとして、職業選択と就職が挙げられる。青年男女にとって、実際に社会のなかで働いている親の姿はモデルとなり、また日常生活のなかで仕事の価値や内容について話を聞くことは職業選択の規準となる。男子の場合には、同性である父親が職業モデルとなるが、女子の場合には同性である母親が専業主婦やパートである確率が高いため、正規雇用の職業としてのモデルとなるのはフルタイムで職業を有している父親であると思われる。多くの発達理論においても、子どもの社会化の窓口は、父親であると考えられてきた。父親の仕事への姿勢が、娘の仕事への意欲につながることや、娘の意思を尊重することが自分の能力を社会に還元しようという仕事観を作ることから、父親の存在が娘の職業選択に影響することがわかっている（岩永・藤原、2009）。

　その一方で、父親が娘に示す仕事観は男子の場合であったら成功するパターンの知識であり、たとえば女子がその知識に基づいて職業選択や就職活動をしたときには、大きな壁に突き当たると考えられる。いまだに「ブルーカラー」や「ホワイトカラー」に対して、女性らしい職業は「ピンクカラー」と呼ばれており、たとえば「ウェイトレス」「キャビンアテンダント」等のサービス業、「保育士」「看護師」などのケアに携わる業種、「秘書」「受付」などの事務補助業などがこれにあたると考えられている。

　このような職業への性別固定観念が残る社会のなかで、女性は就職活動時や、就職後のキャリア形成時においても大きな葛

藤に置かれることになる。そのような葛藤時に、キャリアモデルとなるのは父親ではなく、むしろ有職の母親のキャリアコースである。女子が不利と思われる就職先の面接での対策や、職業選択での留意点、出産に臨むにあたりどのように働き方を変えたか、職場復帰の何カ月前から保育所探しを始めたかなど具体的な指標を示してくれる存在となるであろう。

　昨今、共働き世帯が専業主婦世帯を逆転し、結婚、出産後も産休、育休を取得しながら仕事を継続する女性も増加しつつある。これからは、母親が青年期の娘に職業選択や職業を継続するためのノウハウを示すことが期待でき、そのような意味では青年女子の葛藤の解消に向けて少しは光が差してきたといえる。

## （5）青年女子の身体性の受容

　青年女子の特徴として、青年男子に比べて身体的満足度が低下していくことが挙げられる。青年女子の方が、男性よりも外見を気にしやすく、そのことが**自尊感情**の低下ともかかわっている。女子の方が、青年期に自尊感情が低下することが知られている（無藤、2000）。**身体的自己**もアイデンティティのひとつであることを考えれば、アイデンティティ確立における身体性の要因がより大きな位置を占めているのは、女子の方である。

　また、自分の身体を受容できるということと、自分の性を受容できることはつながっている。これらの受容には、両親の夫婦関係性が影響しており、中学生への調査では、両親（父親と母親）の関係性を好ましいものと感じており、娘が父親への信

頼感を持てる場合には、自尊感情があがり、自分の性を受容し、身体を受容することができる。

逆に、母親へネガティブな感情を持ち、**同一視**[4]の対象として見ることができないときに、自己の身体の非受容につながるという（伊藤、2001）。また女子の**摂食障害**[5]の要因には、母親の容姿へのこだわりや摂食障害傾向、伝統的性役割観が関係している（向井、2010）。

このように、アイデンティティの確立において、女子の場合には性と身体性の受容が大きな課題として含まれており、その課題には両親の存在や両親との関わりが影響している。

## 4. ジェンダー役割を規定する要因

### （1）社会化の要因

ジェンダー役割を規定する要因として、ここでは二つの要因を取り上げる。まず、社会化の要因として保育場面での**性的型づけ**を、次に生物学的要因として「脳の機能」と「言葉の発達」における性差を取り上げる。

では、はじめに保育者による社会化や、保育環境を通じての性役割取得について、エピソードを交えながら説明していく。筆者は仕事柄、保育士と一緒に仕事をする機会が多い。赤ちゃんと保護者との初顔合わせのときに、ベテランの保育士から何度か次のようなアドヴァイスを受けたことがある。「赤ちゃんの性別が分からないときには、保護者に『女の子ですか？』と聞く方がいいですよ。間違っても『男の子ですか？』と聞いた

らいけません。赤ちゃんが女の子だったら保護者が傷つきますからね。男の子が『女の子ですか？』と聞かれても、赤ちゃんはみんな可愛いから間違えても仕方ないと聞き逃してくれるのだけれど、女の子の場合に『男の子ですか？』は聞き逃してくれません。保護者が露骨に傷ついた顔しますから、気をつけてくださいね。」というものである。この話は、保護者が一般的に持っている性差観をよく表わしている。男の赤ちゃんが、女の子といわれても気にはならないが、女の子が男の子といわれることは、『女の子なのに、男の子のような容姿にみえる』ことを表すため傷つくという保護者の価値観を示している。

　一般的に、親は男の子らしさ、女の子らしさのステレオタイプを持っている。たとえば、男の子であれば、「元気、活発、強い、ちょっと乱暴ぐらいがいい」、女の子であれば「おしとやか、可愛い、おしゃまさん、小さい」などである。そして、生まれてきた我が子にもそのステレオタイプを投影する。新生児期頃の赤ちゃんであれば、外見上の男女差はまだわからない。にもかかわらず、女児を男児といわれて傷つくということは、自分の持っているステレオタイプのイメージを映しているからに他ならない。

　このように大人の持っている**性別役割ステレオタイプ**が、子どもと接するときの行動に影響することは、「ベビーX」という実験手法によって明らかにされている（Seavey , Katz & Zalk,1975）。Seavey et al.（1975）は参加者の大人が、実験者から生後 3 か月児を女児だと紹介されたときには人形で遊ぼうとし、男児だと紹介されたときには人形を使わなかったことを報告している。また、同研究において子どもの性別を告げなか

った場合に、参加者は子どもの性格を元気が良い、強いと感じたときには男児だと判断し、優しくて弱いと感じたときには女児だと判断をした。

保育所や幼稚園に入園すると、そこでも用意されたステレオタイプのジェンダー規範が待ち受けている（藤田, 2015）。たとえば、保育園では名前を呼ぶときには、男の子は「○○くん」女の子は「○○ちゃん」で呼ぶ園もある。0～2歳児クラスまでは、全員「○○ちゃん」であったが、性別が認知できる3歳児クラスになると男女の呼称を分ける場合もある。また、男児のロッカーには、車や飛行機のシールが、女児にはぬいぐるみや星のシールが貼られ、サブバッグやスモッグの色が男児はブルー、女児はピンクであることは多い。制作場面でも、女児には暖色系の赤、ピンクなどの色紙を、男児には寒色系の青、緑を配布する。3歳以上のクラスでは、子どもが性差を意識できるようにグループ分けで「男の子グループ」「女の子グループ」を使うこともある。

保育者の言動の中でも、たとえば男児のような言葉を使う女児に対して「○○ちゃん、その言葉は女の子が使う言葉ではありません」などの言葉がけのみられることがある。男児であれば、そのような言葉がけはないであろう。このような大人による性別に応じた働きかけのことを「**性的型づけ**」という。

このような直接的働きかけである「性的型づけ」だけでなく、カバンの色が男女によって違うというような間接的働きかけを含めて「**隠れたカリキュラム**」という。子どもたちは、このカリキュラムのなかで、知らず知らずのうちにジェンダー規範を身に付けていく。

　また、性の同一性（自分の性別がわかる）の過程において、保育者が意図していない効果が働くこともある（大滝, 2016）。保育者の側は便利なカテゴリーとして男女グループを何気なく使用するが、子どもの側にとって自分の所属するグループがわかるかわからないかは、クラス集団で生きていくことにつながる大きな問題である。なぜなら、自分のグループがわからなければ、先生の指示がわからず、他児との遊びや保育活動に参加ができないからである。大滝（2016）は、3 歳児が保育活動のなかで性別グループに分かれることができるようになるためのこのような圧力によって、やがて主体的に自らの性を自認することにつながっていくことを明らかにしている。


## （2）生物学的な要因

　生まれたときからの生物学的性差が、学習や能力に違いに影響があるのかについて、「脳の機能」と「言葉の発達」の面から取り上げたい。

　言葉の発達においては、性差があることが明らかになっている。1 歳半の子どもの遊びや絵本の好みを調べたところ、言葉の発達過程に応じて「物語型」と「図鑑型」のふたつのタイプに分かれた（内田, 2017）。「物語型」は人間関係に関する言葉である挨拶や、感情を表現する言葉から覚えていくが、「図鑑型」は物の名称や動き、構成を表現する言葉から覚えていく。そして、「物語型」には女児が、「図鑑型」には男児が多い。さらに母親はこの型に応じた関わりをしており、「物語型」の子どもには社会情動的関わりを促すような言葉がけを、「図鑑型」の子ど

もには対象を分析的に捉えた言葉がけをしていた。

　このような発達の性差のいくつかは、生物学的性差、すなわち男女の脳の機能や成熟の違いが関わっているということがわかっている。誕生後の脳の成熟度は男児の方が男性ホルモンのテストロゲンによって成長が抑制されるために女児よりも遅れる。そのため女児の左脳が、男児の右脳・左脳よりも発達が早いことから（Geschwind & Galaburda, 1984）、女児は男児に比べ言語発達が早く、話し方が流暢で発音が明瞭である（内田、2012）。また、成熟度だけでなく器質的な違い、すなわち女性の左脳と右脳を結ぶ脳梁が太いことも言語発達に影響していると考えられている（Geschwind & Galaburda, 1984）。

　しかしながら質的量的な発達の性差が、このような生物学的な差異すなわち脳の器質的な違いやホルモンの分泌の違いで、すべて説明できるわけでないことに留意する必要がある。発達には遺伝と環境の両方が影響することが広く知られていることからも明らかなように、生物学的な基盤がありながらもそれがどのような方向に伸びていくのか、あるいは衰退していくのかは環境要因、すなわち子どもの経験によるのである。発達における性差の要因は、生物学的基盤によるものと**性別役割規範**の経験（学習）という環境要因によるものとが不可分であるといえよう。

## コラム❶　ジェンダー・バイアスがない保育環境をめざす試み

　ジェンダー・バイアスがない保育環境を作ることをめざした実践例を紹介しよう。2001 年に文部科学省委託事業として『やまなし「男女共同参画社会をひらく　乳幼児期からのジェンダー・フリー教育』研究・啓発事業が、山梨県立女子短期大学（現山梨県立大学）を拠点として、保育者と保護者のみならず地域の NPO 団体や行政等を巻き込んで行われた。

　この調査研究のなかで、トイレで使用するスリッパがピンク色ならば空いているのに、青色が空いていなかったばかりにトイレを我慢し続けた男児の衝撃的な事例が報告されている。ジェンダー・バイアスが子どもの健康にまで影響を与えるのである。保育者が男女別グループ分けを使うことは、性別のバイアスの影響を受けて子ども本来の姿をみることができなくなること、さらには男児優先で動きやすくなること、そしてそのことが子どもたちの考え方へも影響することが、保育者を対象としたワークショップのなかで話し合われている。

### <注>

（1）生得的な行動ではなく、育児の過程で確立していく。いわゆるマザリングや母性的養育を指す。すなわち、スキンシップやアイコンタクト、話しかける、応答する、世話をするといった養育に関わる行動を指している。このような母性行動は、子どもが心身ともに健全に成長していくためには不可欠である。母性行動は、養育者が空腹を満たす、睡眠を与えるといったいわゆる生理的欲求を満たすことのみを指すのではなく、愛情を持ったスキンシップやアイコンタクト、発話

に応答するといった情緒的なコミュニケーションも含んでいる。

（2）フロイト（Freud,S.）による概念で、エディプス期（3，4歳から）になると異性の親に対して性愛の感情を持つことにより、同性の親への敵意の感情が芽生える無意識の心理を指す。ギリシャ悲劇の戯曲「エディプス王」から命名がされた。男児の心理を中心に考えられており、母親をめぐる競争において父親に嫉妬をして、父親を殺して母親を自分のものにしたいという願望をエディプス願望という。これに対して、クライン（Klein,M.）は、エディプス・コンプレックスはフロイトの述べた年齢よりも早期の1歳前後の離乳の時期に始まり、性別にかかわらず母親との間で体験されると主張している。

（3）ユング（Jung,C.G.）によって提唱された。女児が3,4歳になると父親への愛着を増すようになり、同性の母親を父親からの愛情を競う競争相手とみなし、敵視するようになる心理を指す。ギリシャ悲劇の戯曲の登場人物である「エレクトラ」から命名した。ミケーアの王アガメムノンの娘エレクトラは、母クリュタイムネストラが敵と密通して父を殺害したことが許せず、父の仇を打つために母を殺害する。フロイトは、男児中心のエディプス・コンプレックスへ女児をあてはめる形で解釈をしたが、ユングは女児固有の心理として分けて考えた。

（4）本書では、精神分析の防衛機制である同一化と同義で使用している。特定の他者に情緒的なつながりを感じ、その他者の行動や思考を自分に取り入れて同様の行動や思考を示すようになる心理的過程のことを指す。

（5）体型・体重が変わることへの恐怖から拒食・過食といった行為を繰り返す心理的要因に基づく深刻な障害である。DSM-5 や ICD-10には詳細な分類が示されているが、大別すると神経性無食欲症と神経

性大食症とがある。前者は１０代の発症が多く、後者は２０代の発症が多い。どのような型であっても、深刻な精神疾患であり、命を脅かすほどの内科的精神医学的な問題を伴い、高い死亡率を持つ（日本摂食障害学会, 2016）。細い体型を賞賛する社会的背景、愛着形成の不全、対人関係のストレスなどの心理的要因と遺伝的要因が複雑に絡み合っていると考えられている。

# 第❷章

---

# 女性のライフスタイルと心理の変化

　少子長寿化、人口減少等の社会状況の変化によって、女性のライフスタイルも変わりつつある。もはや**性別役割分業**を基盤とした社会保障制度では成り立たなくなり、それを反映するかのように共働き世代が増加している。共働きになることによって、女性は**多重役割とトリプルケア**の両方の重責を担うこととなった。また、一方で結婚は人生にデフォルトセッティングされたライフイベントではなく、メリット・デメリットの観点から選択するライフイベントに変化した。「子どもをつくらない」といった、これまでには少数派であった選択をする人々が微増している。子どもは、「授かる」から「つくる」という意識に変化し、自分の生活に合わせて「子どもをつくる」「子どもも大切であるが、自分個人の生活も大切である」という個人の意識や態度がクローズアップされるようになってきている。その背景には、何があるのだろうか。

---

## 1．恋愛と結婚の性差

### （1）恋愛における性差

　昨今の恋愛や結婚の事情の変化を反映してさまざまな造語がみられる。結婚をするために就職活動のように活動することを「婚活[1]」（山田・白河、2008）、恋愛に消極的な男子のことを「草食系男子[2]」（森岡、2008）などである。また、2016 年10 月〜12 月にかけて TBS 放送によるドラマ「逃げるは恥だが役に立つ（原作漫画：海野つなみ）」では、「結婚」を「就職」と捉え、家事労働である「再生産労働」を有償とする内容が話題を呼び、このドラマをきっかけとしてシンポジウムが開催されるなど大きな反響を呼んだ。たとえば、2018 年 7 月 30 日朝刊生活欄「逃げ恥を学問する」のタイトルでの報道によると、2018 年 6 月 8 日に金井郁氏（埼玉大学准教授）企画「家事労働を生活経営学の観点から考える」のシンポジウムにおいて、大橋史恵・武蔵大学准教授が「再生産労働は夫婦を超えていけるか」と題して講演をした。

　このように「恋愛」「結婚」にまつわる事柄がメディアで取り沙汰されているのに対して、現実の結婚の動向は静かである。厚生労働省（以下、厚労省）による 2018 年人口動態統計によると、婚姻件数は 58 万 6438 組で前年 2017 年の 60 万 6866 組より減少しており、婚姻率は 4.7 で前年の 4.9 より低下している。2015 年の生涯未婚率（50 歳時の未婚割合）は、男性 23.4%、女性 14.1%である（国立社会保障・人口問題研究所（2018）「人口統計資料集 2018 年度版」）。内閣府がこの数値を基に作成した 2020 年以降の推定値によれば、2020 年時点での生涯未婚率は男性 26.7%、女性 17.5%、2040 年の時点では男性 29.5%、女性 18.7%に上昇すると見込まれている（内閣府（2018）平成30 年度版少子化社会対策白書全体版）。

このような実情は、どのような結婚への意識を反映しているのであろうか。内閣府が平成21年に実施した「男女共同参画に関する世論調査」によれば、「結婚は個人の自由であるから結婚してもしなくてもどちらでもよい」という考え方について、「賛成」「どちらかといえば賛成」と回答した人が70％を占めている。家や社会の存続のために結婚をしなければならないと考えられていた時代には、結婚が必須のライフイベントであったが、現在では個人の選択肢のひとつという自由度の高いライフイベントへと変化したといえよう。

　性別役割分業が機能した高度経済成長期であれば、結婚をすることによって男性の側は生活のケアを受けることができ、女性の側は経済的な恩恵にあずかることができるため、双方にメリットがみられた。しかしながら、昨今のように共働き世代が増えることで、女性の経済的自立が進み、家電製品の進歩によって再生産労働が簡単になったうえ、外注も手軽にできるような環境になってくると、結婚は形を変え、「生き延びるための必須のもの」から「よりよく生きるための選択」（柏木、2004）となりつつあると考えられている。このように結婚は人生の選択肢のひとつとしてメリット・デメリットの面から検討する事項となった。

　国立社会保障・人口問題研究所の2015年調査では、18〜34歳の未婚者のうち「一生結婚するつもりがない」と答えた男性は12％（2010年調査9.4％）、女性は8.0％（2010年6.8％）と上昇傾向にある（国立社会保障・人口問題研究所（2017）,2015年社会保障・人口問題基本調査「結婚と出産に関する全国調査－現代日本の結婚と出産－」第15回出生動向基本調査（独

身者調査ならびに夫婦調査）報告書）。

**図2-1**　**未婚女性の結婚の利点に対する考え**

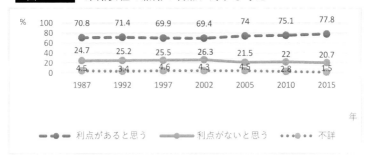

注：国立社会保障・人口問題研究所（2017），2015年社会保障・人口問題基本
調査「結婚と出産に関する全国調査－現代日本の結婚と出産－」，第15回出生
動向基本調査（独身者調査ならびに夫婦調査）報告書」を基に筆者作成。

**図2-2**　**未婚男性の結婚の利点に対する考え**

注：　国立社会保障・人口問題研究所（2017），2015年社会保障・人口問題基
本調査「結婚と出産に関する全国調査－現代日本の結婚と出産－」，第15回出
生動向基本調査（独身者調査ならびに夫婦調査）報告書」を基に筆者作成。

図2−1、図2−2は、結婚のメリット・デメリットについての未婚男女（18〜34歳）別経年経過である。この推移については、性差がみられ、女性の利点があると考える割合が、2005年から上昇している一方で、男性は2002年まで減少が続いた後に2005年に微増して、2006年に減少するが、2015年には微増している。「結婚することの利点」として、女性が男性よりも「経済的余裕がもてる」を挙げる率は、男性が5.9％に対して、女性は20.4％と高く、2015年には初めて2割を超えた。このことは、女性の方が男性に比べて非正規雇用率が高く、また生涯賃金が低いことと無関係ではないであろう。2018年度版男女共同参画白書によれば、2017年の女性の非正規労働者は、55.5％（男性21.9％）である。年齢別には、25〜34歳が38.9％（男性15.3％）、35〜44歳が52.5％（9.2％）、45〜54歳が58.6％（8.7％）である。さらに、女性の非正規雇用のうち年間収入は100万円未満が44.1％（男性は29.0％）を占める（総務省統計局「労働力調査2018年平均速報」2019）。

　また、同調査によれば、男性は「社会的信用や対等な関係が得られる」「生活上便利になる」を女性よりも高い割合で結婚の利点として挙げており、このことは、高度成長期の性役割分業や「結婚して一人前」という価値観がいまだに残っていることを示している。

　結婚の障害として、男女ともに「結婚資金」を挙げるものが他項目を圧倒して高い比率を示している。上記調査では、男性43.3％、女性41.9％がこの理由として挙げており、2010年の調査とほぼ横ばいである。次いで男性は「結婚のための住居」21.2％、女性は「職場や仕事上の問題」19.9％となっている。

この両項目ともに 2010 年の調査よりも上昇している。

　1 年以内の結婚意思を就業状況との関わりでみると、男性では正規雇用よりも派遣社員や契約社員・嘱託、無職である場合の方が意欲は低い（国立社会保障・人口問題研究所（2017），2015 年社会保障・人口問題基本調査「結婚と出産に関する全国調査－現代日本の結婚と出産－」第 15 回出生動向基本調査（独身者調査ならびに夫婦調査）報告書）。女性の方はそのような差はみられない。このことは、結婚の選択が自由になったとはいえ、男性の方が経済的な要因に規定されることを示している。

## （2）結婚に消極的な若者

　18 歳から 39 歳の未婚者男性 2319 人、女性 2296 人に「a ある程度の年齢までに結婚するつもり」と「b 理想の結婚相手がみつかるまでは結婚しなくてもかまわない」のどちらかを選択して回答を求めたところ、男性は 55.2％が a、42.9％が b を選択し、女性は 59.3％が a を、39.2％が b を選択した。結婚の内容よりも結婚する年齢や結婚そのものを重要視する傾向に変わりつつある（国立社会保障・人口問題研究所（2017），2015 年社会保障・人口問題基本調査「結婚と出産に関する全国調査－現代日本の結婚と出産－」第 15 回出生動向基本調査（独身者調査ならびに夫婦調査）報告書）。同調査において「いずれ結婚するつもり」の率は、男性は 2010 年 86.3％であったが、2015 年は 85.7％と減少し、「一生結婚するつもりはない」が 2010 年の 9.4％から 12.0％に増えている。女性においても「いずれ結婚するつもり」の率は、2010 年 89.4％から 2015 年 89.3％に

減少し、「一生結婚するつもりはない」は 6.8% から 8.0% に増えている。

　2014 年度の内閣府による「結婚・家族形成に関する調査報告書」によれば、交際相手を持たない 20 代、30 代が恋人を欲しいと思わない理由として、男性も女性も「自分の趣味に力を入れたい」「恋愛が面倒」「仕事や勉強に力を入れたい」が上位に挙がっている。

　異性との交際における不安として男性は、「そもそも出会いの場所がない（1 位）」「自分は魅力がないのではないかと思う（2 位）」「どうしたら親しい人と恋人になれるのかわからない（3 位）」「どのように声をかけてよいのかわからない（3 位）」の順位で高い。一方で女性の結果は、2 位までは男性と同じであるが、3 位には「自分が恋愛感情を抱くことができるのか不安だ」が挙がっている。

　すなわち、恋愛は個人の趣味や仕事へネガティブに影響するうえ、よくわからない不安で面倒な事柄として捉えられてきている。「一人の生活を続けても寂しくない」と思う未婚男女は、2010 年から 2015 年にかけて増加傾向である（国立社会保障・人口問題研究所（2017），2015 年社会保障・人口問題基本調査「結婚と出産に関する全国調査－現代日本の結婚と出産－」第 15 回出生動向基本調査（独身者調査ならびに夫婦調査）報告書）。

　未婚男女のデータからは、結婚に至るまでの過程が面倒でなければ結婚してもよいが、どちらかといえば異性を意識するよりは自分ひとりの生活を大切にしたいという意識がみえてくる。未婚から結婚して生活形態が変わることは、ジェンダーに関わる意識を変化させる。結婚を前提とした交際時は、男女平

等の考えを所有していたとしても、結婚後には男女ともにジェンダー的行動になる傾向があることが知られている（土肥，1995）。すなわち、男性はより男性的に、女性はより女性的に振る舞うようになる。このジェンダー的行動は結婚生活に持ち越され、家庭運営の役割分担に影響を与えるようになり、夫婦間の意識のすれ違いにつながっていくと考えられる。

## （3）結婚相手の条件の性差

　第 15 回出生動向基本調査（独身者調査ならびに夫婦調査）によれば、1997 年から 2015 年までの 4 回の調査結果のうち、継続して性差が存在する結婚相手の条件がある。「経済力」「職業」「学歴」の条件を重視する割合には性差が存在する（国立社会保障・人口問題研究所（2017），2015 年社会保障・人口問題基本調査「結婚と出産に関する全国調査－現代日本の結婚と出産－」第 15 回出生動向基本調査（独身者調査ならびに夫婦調査）報告書）。女性は、男性に比べ相手へ求める条件においてこの 3 つを重視する傾向がある。また、女性が男性に「家事・育児の能力」を求める割合が 2010 年から高くなってきており、2015 年には男女お互いに「家事・育児の能力」を 90%以上重視もしくは考慮事項として挙げている。その背景には、女性が出産後も仕事も正規職員のまま継続し、共働きのまま家事も育児も共に担っていくという若い世代のライフコースへの意識があることを表しているといえよう。

　この意識傾向は、未婚の女性の意識にも表れており、2015 年の同調査（国立社会保障・人口問題研究所（2017），2015 年社

会保障・人口問題基本調査「結婚と出産に関する全国調査－現代日本の結婚と出産－」第 15 回出生動向基本調査（独身者調査ならびに夫婦調査）報告書）では、未婚女性の予定ライフコースは、専業主婦コースが 7.5%（前回調査時 2010 年 9.1%）再就職コースが 31.9%（前回調査時 2010 年 36.1%）と減少し、両立コースが 28.2%（前回調査時 2010 年 24.7%）と増加した。また、DINKS コースが 3.8%（前回調査時 2010 年 2.9%）と微増し、非婚就業コースは 21.0%（前回調査時 2010 年 17.7%）と 2 割を超えた。未婚男性がパートナーに望むライフコースも、専業主婦コースが 10.1%（前回調査時 2010 年 10.9%）、再就職コースが 37.4%（前回調査時 2010 年 39.1%）と減少し、両立コースが 33.9%（前回調査時 2010 年 32.7%）と増加を続けている。未婚女性の予定ライフコースで、子どもを持たない女性が含まれている非婚就業コースや子どもを持たない DINKS コースが増えている背景には、出産・育児と仕事の両立が難しいという意識があると考えられる。とはいえ、両立が難しいという理由から子どもを持つ選択をしなかった場合に受ける世間からの圧力を考えて、将来子どもを持たないことへの葛藤を抱える女性もみられている。

　谷津ら（2016）が行った 20〜29 歳の未婚女性 33 名への「出産のイメージ」についての面接調査結果では、研究参加者のおよそ 3 割が「出産と仕事の両立は難しい」と考えている。また、およそ 2 割が「出産は負い目を感じさせるもの」として捉えていた。つまり、世間からの結婚や出産への圧力を感じており、それがかなわないときには自責の念や負い目を感じるだろうと予測をしていた。さらに 9 割の未婚女性が、出産に対してポ

ジティブなイメージだけでなく、ネガティブなイメージも持っていることが示された。現在の女性にとって、出産は自分の人生に起こりうるライフイベントとしてイメージしにくくなってきており、ライフデザインのなかでは必ずしも優先順位の高いものではなくなってきている。

## 2. 女性を取り巻く環境の変化

### （1）就業を継続するライフスタイルへの変化

　2015 年の国勢調査（総務省統計局）によると、労働力率は男性が 70.9％、女性が 50.0％で、2010 年の調査に引き続き男性が低下し続けているのに対し、女性は上昇し続けている。

　女性の労働力率が上昇している理由には、少なくとも次のような 3 つの要因が考えられる。1 つはバブル経済崩壊後の長期的な不況のなかでの雇用の不安定さと賃金の伸び悩みが懸念されていた矢先に、さらにリーマンショックによってこの懸念が強められたたこともあり、収入を支えるための共働きが上昇したためである。夫の所得が伸びない、もしくは低下していることは、妻の労働力率を高める要因となっている。子どもを産み終えた無職の妻の 86％が就業を希望し、その多くがパート・派遣での就業を望んでいる（国立社会保障・人口問題研究所(2017)，2015 年社会保障・人口問題基本調査「結婚と出産に関する全国調査－現代日本の結婚と出産－」第 15 回出生動向基本調査（独身者調査ならびに夫婦調査）報告書）。そのうち「すぐにでも働きたい」と考えている妻は 19.1％おり、「仕事に就

きたい最大の理由」として経済的理由を挙げている。

　２つめの要因として、労働人口が減少したことによる人手不足や経済減衰が挙げられる。雇用側にとっては、結婚・出産後も継続して就労してもらう方が人材育成のコスト削減につながることや、職種や労働形態を選択しなければ就職先が見つかりやすい実情も後押ししているとみられる。

　最後の要因としては、国の施策や社会環境、社会の風潮がキャリアの継続を望む女性の就業継続を支援する方向へ変化していることと関係があると考えられる。2015 年 8 月に成立した**女性活躍推進法**では女性活躍推進に向けた具体的な数値を目標に掲げており、これに伴い女性の管理職を育てることや、**ワーク・ライフ・バランス**[3]（Work–Life Balance、以下 WLB）に取り込んで出産や育児をしながらも就業継続を図ろうとする企業も出てきている。「女性の職業生活における活躍の推進に関する法律（平成 27 年法律第 64 号）」が施行されたのに合わせて、2015 年 12 月から 2016 年 1 月にかけて、厚労省委託事業として三菱 UFJ リサーチ＆コンサルティングが、従業員 101 人以上の企業 10000 件（有効回収数は 970 件）に行った「女性の活躍推進状況の調査」では、産前産後休業や転勤への配慮などの両立支援は約 6 割、ノー残業デーの意識啓発、業務削減の取り組みなどの WLB を可能とするための働き方の見直しは約 8 割弱が取り組んでいる。その一方で、「女性を積極的に採用・登用するための取り組み等」においては、約 3 割以下の状況で、今後の課題として示されている。

　総務省労働力調査によれば、女性の労働力率を示す M 字カーブは 1985 年にははっきりとくぼみがみられたが、2018 年には

25 歳から 29 歳が 83.9%（2017 年 82.1%）、30 歳から 34 歳は
76.9%（2017 年 75.2%）に、35 歳から 39 歳においても 74.8%
（2017 年 73.4%）となりくぼみが平坦になりつつある。

　2018 年の女性の初婚年齢が 29.4 歳、第一子出産年齢が 30.7
歳（厚生労働省人口動態統計）であることをこの M 字カーブに
当てはめて考えれば、結婚、出産後も働き続ける女性が増えて
いることになる。第一子出産前から就業をしていた女性の出産
後の就業継続率は、2009 年以前は約 4 割弱で推移してきたが、
2010 年から 2014 年に第一子を出産した女性では 53.1%へ上
昇した（国立社会保障・人口問題研究所（2017），2015 年社会
保障・人口問題基本調査「結婚と出産に関する全国調査－現代
日本の結婚と出産－」第 15 回出生動向基本調査（独身者調査
ならびに夫婦調査）報告書）。

　就労を希望する女性の増加は、都市圏近郊の待機児童の増加
数へも表れている。2018 年 10 月時点の待機児童数は、47,198
人おり、このうち上位は東京都 9,833 人、沖縄県 2,783 人、埼
玉県 2,480 人、千葉県 2,373 人（人数に指定都市・中核市の待
機児童は含まず）となっている（厚労省子ども家庭局保育課
（2019）「平成 30 年 10 月時点の保育所等の待機児童の状況に
ついて」）。このような状況を鑑みて、国や自治体は保育施設と
人材確保のために様々な施策（たとえば待機児童解消加速プラ
ン、子ども・子育て新制度）を試みているが、実情に追いつい
ていない。2018 年 3 月の時点での保育士の全国平均の有効求
人倍率は、3.12 倍で、全産業の平均が 1.62 倍であるのと比較
して非常に高い。そのなかでも東京都は、5.99 倍と群を抜いて
いる（厚労省子ども家庭局保育課（2018）「保育分野の現状と取

り組みについて」)。都市部を中心に、子どもを預けて安心して就労する環境は未だ整っていないのが現実である。

　安定した子育て支援環境が整わないなかで働くことは、女性にとって育児と家事の負担が男性よりも大きくなる。こうしたなかで、子育て世代の男性に育児や家事に携わろうという意識の変化がみられてきている。しかし、男性の労働環境の改善には至っておらず、長時間労働の現状が家事・育児の実行を阻んでいる。国際比較においても、2016年の日本の男性就業者の長時間労働（週49時間以上）は、28.6%と群を抜いて高い（労働政策研究・研修機構（2018）「データブック国際労働比較2018」)。男性による家事・育児負担率は微増しているものの多くは意識の上だけにとどまり、女性の側に家事・育児が偏っているのが実情である。2017年に6か月から1歳5か月の子どもを持つ夫婦3205世帯に実施した調査では、「子育てと仕事を両立しやすい社会である」と思う母親は9.3%、父親は17%と低い水準が示すように、（ベネッセ教育総合研究所（2018）「乳幼児の生活と育ちに関する調査2017」)、子育て世代の家事・育児を支える土台は、未だに整っているとはいえない。


## （2）トリプルケア労働を担う妻

　2017年の新語・流行語大賞30語にノミネートされた言葉の中に「ワンオペ育児」が含まれていたことは記憶に新しい。「ワンオペ育児」とは、家事や育児をひとりでこなすことであり、とりわけ妻の側の負担となっている。共働きの場合には、終業後に保育園に迎えに行き、帰宅後にも家事と育児に追われるこ

ととなる。妻が家事と育児の主担当となっている多くの家庭では、女性は家庭外労働をこなして、帰宅後に家庭内労働に従事することになり、1日の大部分を働いていることになる。総務省統計局（2017）による「平成28年社会生活基本調査結果」によれば、2016年の共働きの妻の1日あたりの家事関連時間は、4時間54分（夫46分）、そのうちの育児時間は56分（夫16分）となっている。国際比較においても日本の妻の家事育児関連時間は最も多く、1日あたり7時間34分となっており、次に多いドイツの6時間11分とも大きな開きがある（内閣府(2018)平成30年度版少子化社会対策白書）。一方で、夫の時間は7か国中最も短く1時間23分であり、次に短いフランスの2時間30分とも大きな開きがある。

**図2-3　家族メンバー間のケア関係**

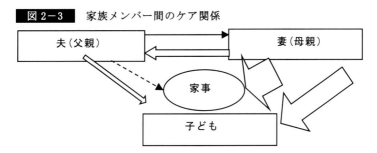

出典：平山(1999)　注：ケア遂行度をもとに作成したイメージ図。矢印の太さはケアの遂行量で太く、実線ほど多く、点線は低いことを表している。

　家庭を運営するうえで担うケアには3種類のケアが発生する。すなわち、夫婦間のケア、家事という家族全員へのケア、育児という子どもへのケアである。図2-3は、これらの3種類の

ケアの授受構造を示した図である（平山，1999）。3～5歳の幼児を持つ夫婦401組における家族内ケア行動の妻の認知の結果を表している。線が太いほど、矢印の方向の対象へケアを与えている割合が大きいことを示しており、妻が3種類のトリプルケアを担っていることがわかる。夫の家事に至っては、点線になっており、妻は夫がほとんど家事に従事していないと認知している。

　このような妻の側にばかり比重の高い家事育児の分担状況をみれば、日本の合計特殊出生率が、低い水準（厚労省（2019）「令和元年人口動態統計の年間推計」によれば2018年は1.42）で推移しているのも頷ける。また、夫婦の最終的な平均出生子ども数を示す完結出生児数は年々減少しており、2005年の調査では、2.09人であったのが、2010年には1.96人、2015年には1.94人となっている（国立社会保障・人口問題研究所（2017），2015年社会保障・人口問題基本調査「結婚と出産に関する全国調査－現代日本の結婚と出産－」第15回出生動向基本調査（独身者調査ならびに夫婦調査）報告書）。

　さらに、この報告書による平均理想子ども数は、年々下がり続け2.32人となっている。理想の子ども数を持たない理由として妻の側が挙げている上位5位は「子育てや教育にお金がかかりすぎるから」「高年齢で生むのはいやだから」「欲しいけれどもできないから」「これ以上、育児の心理的、肉体的負担に耐えられないから」「健康上の理由から」である。

　このうち2015年において前回の調査結果より上昇している理由は「高年齢で生むのはいやだから」「これ以上、育児の心理的、肉体的負担に耐えられないから」「夫が望まないから」「自

分や夫婦の生活を大切にしたいから」である。上昇した 4 つの
理由から見えてくるのは、第一子の育児の負担を繰り返したく
ない、さらに晩産化に伴い出産・育児の負担増してきているこ
と、個人の生活を重視する傾向という子育て世代の妻の意識の
変化である。

**図 2 - 4**　夫の休日の家事・育児時間別にみた第2子以降の出生の状況

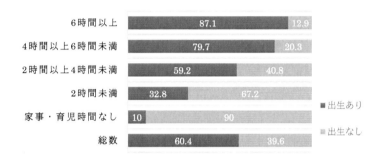

出典：内閣府（2018）「平成 30 年度版少子化社会対策白書」（全体版）を基に
筆者作成。単位：%

　第一子で仕事と家事育児の大変さを体験していれば、第二子
を持とうと思うハードルが高くなる。このハードルを低くする
ためには、妻の家事・育児負担率を減らすことは必須であり、
夫の家事育児時間の長さと第二子以降の出生状況は関係性が
あることがわかっている（内閣府（2018）平成 30 年度版少子
化社会対策白書）。また、妻の出産後に夫の家事・育児時間が長
いほど、妻の同一就業継続の割合が高いこともわかっている

（厚労省（2015）第 3 回 21 世紀成年者縦断調査（平成 24 年成年者）及び第 13 回 21 世紀成年者縦断調査（平成 14 年成年者）の概要）。すなわち家庭内でトリプルケアを共に担う人がいることが、妻の負担を減らし、そのことが余裕を持って子どもを育むことができる豊かな環境を生むといえよう。さらにいうのであれば、妻の家事育児の時間を減らすということは、ただ闇雲に家事・育児時間を減らすことを意味しているのではなく、情報化社会に生まれ育ったこの世代に合わせて個人の生活を重視した削減の仕方を考える必要があるであろう。

## （3）女性における子どもの価値の変化

　個人の生活を女性が重視する傾向は、すでに少子高齢化が問題として浮上していた 1999 年の「女性にとっての子どもの価値」の調査結果にみられている。少子高齢化という社会状況は、子どもの価値の変化と密接に関わりがある。医療が発達して平均寿命が伸びた現在においては、子どもが成人してからの人生も長くなり、したがって女性にとって母親役割の時間も縮小することになり、その役割だけで心理的に充足した生涯とはなりえない状況（柏木・永久、1999）と変化しつつある。

　また、共働き世帯が増加した現在では、子どもを妻の仕事のスケジュールや、保育所に入園しやすい時期に出産日を調整して子どもをつくるなど、昭和初期の自然に子どもは「授かる」という意識から「つくる」という意識に変化してきている（中山，1992；柏木、2011）。

　このような変化は、女性にとって子どもを持つことの意味を

変化させることにつながっている。柏木・永久（1999）は、40歳と 60 歳の 2 世代に渡って、「子どもを産む際の考慮理由・動機」「家族のなかでの個人化志向」について質問紙調査を実施した。調査対象者は、40 歳群（±2 歳）の 235 人、60 歳群（±2 歳）の 248 人であった。それぞれの群の子どもの数は 40 歳群で 2.14人、60 歳群では 2.37 人で有意な差がみられる。

　調査結果から世代間の違いが明らかにみられた。60 歳群では、「子どもを持つことが普通」「子どもを持って一人前」「次の世代を作るのは、人としてのつとめ」「子どもが好きで生きがいとなる」で、高得点がみられ、一方 40 歳群では「妊娠・出産を経験したい」「夫婦 2 人だけの生活は十分楽しんだから」「自分の生活に区切りがついた」の項目が高得点であった。この結果からわかるのは、60 歳群が「家」「社会」を意識しているのに対して、40 歳群は「自分個人」や「個人の状況」、「経験の重視」であるのが特徴的である。

　さらに、40 歳群を有職群と無職群に分けて調べたところ、有職群の方が「経済的共有は少なく」「夫婦であっても私は私」という意識を持っている。このことから、女性が職業を持つことは個人化志向を進めると考えられる。

　上記の結果は、今日の子育て世代の個人の生活を重視する傾向と重なる。子どもを産むことは個人のライフスタイルのなかに多々ある選択肢のなかのひとつで、あくまでも個人の価値観や状況と天秤をかけて選択されるものであり、デフォルトセッティングではない。そのため、母親としてのアイデンティティだけで生きていくのではなく、社会のなかでの仕事や活動を通じて獲得した多様なアイデンティティも同時に持って生きて

いくライフスタイルとなりつつある。

　今日において有職の女性が増加していることは、個人化志向の女性が増えることにつながると想定できる。永久・柏木（2000）は、30〜35歳の有子既婚女性292名に対して、**個人化**[(4)]の傾向と子どもの価値について調査した。その結果、有職の女性ほど「個人化」を求める傾向があった。また、専業主婦においても子どもをもうひとり持つというに対して、子どもに取られる時間的負担が大きく自分のやりたいことができなくなると回答しており、「個人化」の傾向が明らかになっている。

　社会全体の風潮もまた、家族であっても個々人が携帯電話を持ち、個人が SNS で情報を発信するなどの個人を重視する風潮へ変化してきている。少子化を止めたいと考えるのであれば、このような個人のライフスタイルに焦点を当て、とりわけ妊娠・出産に携わる女性の意識と態度を尊重した施策を考える必要があるであろう。

## コラム❷　男性保育士が感じる期待と葛藤

　今では保育所で男性の保育士と出会うことも稀ではない。しかし保育現場での男性保育士は現時点では少数で、職員の大多数が女性に偏る**性別職域分離**の職場である。性別職域分離でみられる事例の多くは、大多数が男性に偏る職場へ女性が参入であるが、保育士はこの逆のパターンとなる。

　男性保育士は現場で、保育業務上に存在する暗黙の性別役割に葛藤を感じるということが知られている。専門性を駆使した男性保育士特有の保育を求められる一方で、女性保育士と同様

の保育も求められ、自らの職業での存在意義やアイデンティティの形成に混乱を感じることとなる。また、職場では少人数であるためマイノリティな男性保育者の象徴として見られやすく、職務上のミスをしたときにはその原因帰属を個人ではなく、所属集団に向けられやすい。つまり、「○○さんのミス」ではなく、「男性保育士だからミスをした」と受け取られやすい。また、中田（2018）が指摘するように、女性優位の性別職域分離の現場では男性が参入するとたんに、職場における性差がクローズアップされることになる。そのため男性保育士には子どものおむつ替えや着替えをさせないという、業務上の制限をかけている園も存在する。

## ＜注＞

（1）自分の希望を充たすより良い仕事に就くための就職活動と同様に、自分の希望とマッチをするより良い結婚をするための結婚活動のことを略して婚活という。この言葉の初出は、白川桃子氏が取材した 2007 年 11 月 5 日号「AERA」連載の社会学者山田昌弘氏インタビュー中の造語。1980 年以降、経済が自由市場になるにつれて人々のライフスタイルに変化が生まれ、結婚相手を自分で選ぶという意識へと変化した。このように個人の選択の自由が生まれたことにより、結婚は自助努力でするものと変わり、結婚相手を探すための出会いが多くある人と、出会いが少ない人の格差が生まれただけでなく、相互選択のミスマッチが生じるようになった。自然と結婚をするのは難しくなり、出会いの場を積極的に求めることや自分磨きなど結婚のための活動がされるようになったとみられる。

（2）森岡正博（2008）によれば、新世代の優しい男性のことで、異

性と肩を並べて優しく草を食べることを願う草食系の男性を指す（草食系男子の恋愛、メディアファクトリー）。恋愛において積極的に異性へアプローチをするというよりは、恋愛によって傷つくことを恐れるタイプの男性のこと。

（3）一般に「仕事と生活の調和」と訳される。内閣府男女共同参画局仕事と生活の調和推進室（2020）によれば、仕事にやりがいや充実感を感じながら働く一方で、子育て・介護の時間や、家庭、地域、自己啓発等にかかる個人の時間を持てる健康で豊かな生活ができるようにすることを指す。そのために働き方改革の推進や性差による固定的役割分担意識の改革が進められているが、いまだ目覚ましい進展には至っていない。また厚労省は、働き方改革〜一億総活躍社会の実現に向けて〜のなかで、「働き過ぎ」を防ぎながら、「WLB」と「多様で柔軟な働き方」の実現を掲げている。

（4）社会学の重要な概念のひとつである。個人化とは、それまでの伝統的な社会規範が弱まることで、個人と社会の関係が構造的な変化を示すことである。家族関係の変化にも個人化の考え方が当てはめられ、「家族の個人化論」が1980年代から論じられるようになった。目黒依子（2007）は、性役割の変化などを背景にして、家族が成員に対して及ぼす拘束性が弱まり、個人の存在が顕在化したことを家族の個人化と述べている（家族社会学のパラダイム、勁草書房）。すなわち、女性が家族の中の一員でありながらも、個人の世界や生き方を持とうと志向することを指している。

# 第❸章

# 親性と共育て

　どちらかの親にトリプルケアが偏ることなく、子どもの健全な育ち
を保障するためには、両親や地域社会で共に子どもを育てる姿勢が必
要である。その姿勢を**母性**や**父性**と区切って考えるのではなく、「**親
性**」もしくは「**育児性**」として包括的に考える方が多様な家族形態の
増えた現在では適している。育児は「産む性」である女性の方が適し
ているという考え方は、脳科学領域の研究において育児の適性が性別
に起因するものではないことが、行動レベルだけではなく器質レベル
においても明らかにされたことから、否定されつつある。父親の家
事・育児への関わりは微増の傾向であるが、関わりを増やすためには
実際に子どものケアをする役割を担うことが大切である。さらに男女
ともに青年期から子どもと触れ合う機会を持つことが、将来的に
WLBへの志向や子育てのストレスを低減することへつながると考え
られる。

---

## 1．育児とジェンダー

## （1）母親による孤育てと子どもの発達

共働きであっても、専業主婦であっても、従来のように育児の大部分を母親が担っていることが、精神的にも身体的にも女性を過重な負担にさらしている。有職の母親と専業主婦の比較では、子どもと一日中向き合う専業主婦の方に育児不安が高いが、夫からのサポートが高いほど低減することがわかっている（荒牧・無藤、2008）。また、社会とのつながりが少なく、家事・育児専従である専業主婦の方が「今のままの生き方でいいのか不安だ」といった人生への否定的感情が高いことがわかっている（永久、1995）。

　大日向（1999）は孤独な「**孤育て**」を行うなかで、夫に育児の実働きは求めなくとも、せめて情緒的支援を願う妻の気持ちを明らかにしている。それによると夫に対して望むことは、「たまには子育ての愚痴を聞いてほしい」「たまには一日中子どもの世話で大変だったねといたわってほしい」「今日あったことを互いに話し合う時間がほしい」等のいたわりと共感の気持ちである。

　しかしながら、このような情緒的支援もしくは実際の支援が得られるかどうかは、妻の側から夫に援助要請を出すことができるかどうかと関係をしている（小倉、2015）。援助要請を阻む要因として、要請をすることで夫婦関係が変化するのではないかという恐れ、夫の仕事への影響の懸念、夫への気遣い、子育ては自分の担当であるという意識、夫の育児・家事能力の低さ、かつて夫に援助要請をしたが拒否された経験等が挙げられる。専業主婦の育児不安の低減には夫のサポートが有効であるが、このような要因によって実際には援助要請が出されず、サポートも実施されないこともあると考えられる。

　一方有職共働きの女性においては、専業主婦や独身女性と比較して生活満足度は高いが、役割負担を強く感じており（土肥ら、1990）、さらに仕事において高い役割を担っているほど、不安やうつ傾向に陥りやすいことがわかっている（Barnett & Baruch,1985）。

　また、共働き夫婦の妻の方が家庭的役割と仕事役割という多重役割を担うことで負のスピルオーバー、すなわち家事や育児をこなしながら仕事を担うという多重労働がネガティブに影響し合いやすいことをも示されている（福丸、2000）。しかしながら、この研究では多重役割が、妻にポジティブな影響を与えることも同時に示している。すなわち、家庭があるから仕事を頑張る、または仕事によって子どもと離れることで自分の時間が持てることがプラスに働くことも示している。

　このような母親の心理が、育てられる子どもにも影響することを考えれば、子育てを夫婦で担う方が、親にとっても子どもにとっても、リスクを回避できることになるといえる。父親が育児に参加する度合いと母親の育児不安の関わりを調べた研究では、父親の育児参加が多いほど母親は子どもをかわいいと思い、子育てを楽しいと思うなど、子どもへの肯定的感情がみられることがわかっている（柏木・若松、1994）。これに対して、父親が育児に参加する度合いが低い場合には、母親は育児がつらいと感じ、子どもをかわいいと思えず、常に不安や焦燥感を抱える。

## （2）母性本能という神話

母親ひとりに育児の負担をかけることが子どもへの負の影響へつながることを鑑みれば、母親がひとりで育児へ関わることは家庭を運営するうえでのリスク管理ができていない状況といえよう。しかしながら、いまだ日本においてはこのような「子育て＝母親」の価値観が根強いといえる。その理由のひとつとして、高度経済成長の時代に男女の役割分業が進められ、専業主婦の母親と働く父親という家族形態が定着したことで、子どもの養育・教育は主として母親の役目となったことが挙げられる。さらに、このような家族形態の変化や政治経済的な社会情勢から母性愛が強調され、母子相互作用は子どもにとって何よりも重要な絆と考えられるようになっていった。ひとたび母子相互作用が順調でなくなれば、子どもの発達に取返しのつかない重篤な影響がでると考えられるほど、この問題は過剰な敏感さで扱われ、母親の責任は重いとされた。そのような社会の価値観の中で、「三歳児神話(1)」や「母性愛神話」は語られた。今では、どちらも合理的根拠がないことが多くの研究の積み重ねによって明らかにされている。たとえば、Badinter,E（1980）は、17世紀から20世紀のフランスにおける母性愛の歴史から「母性本能とか母性的態度「それ自体」を語ることができるほど統一性のある母親の行動といったものは存在しない（Badinter（1980）;鈴木晶訳（1991）のp．339，L9から直接引用）」と述べている。

　大日向（2015）によれば、母性本能は「母性愛神話」に含まれている。「母性愛神話」とは、①女性が子どもを産むことができるのだから、育児能力も当然持っているとする母性本能に類似する考え方の「産む能力＝育てる能力説」、②子どもが少なく

とも 3 歳になるまでは母親が育てるのが望ましいとする「三歳児神話説」、③母性とは慈愛と献身をもって子育てをする存在であるという「聖母説」、④女性は子どもを産み育てることでこそ成長をするとする「母親＝人間的成長説」というういくつかの側面を含んでいる。

　筆者はここ数年間に渡り、授業のなかで学生に「母性本能はあると思うか」を尋ねている。2016 年度には受講生の 77％、2017 年には 46％、2018 年には 65％が「ある」と答え、女性が持っている本能と考えている。「ない」と回答した学生のなかにも、主として男子学生であるが「科学的に存在しなかったとしても、女性にあると信じたい」「母なるものは女性のなかにあると思う」という母性本能を崇めるような記述もみられた。女子学生のなかにも「出産すると自動的に本能が発動されて、子育てができるようになるものだと思っていた」という楽天的な記述がみられた。2017 年度に「ある」と答えた学生のパーセンテージが下がっているのは、同時期に開講されていた別の担当者による講義で「母性本能」について取り上げられていて、この科目と筆者の科目を同時受講している学生も多かったためである。平成生まれの学生においてもこのような信念がみられるのは、性別役割分業の環境のなかで、自らが父親ではなく母親に育てられたという自己認知と成育歴によるところが大きいであろう。

## （3）経験と学習による子育て

　母性が本能ではないことは、霊長類を使ったさまざまな実験

から明らかである。大阪大学人間科学部でのニホンザルを使った研究では、幼いときから1匹で隔離飼育したニホンザルが出産後に自分の子どもを育てるどころか、驚いて避けようとする出産後の姿が報告されている（1989年VHS資料「母親の役割を考える」）。もしも母性が本能であるとしたならば、出産後に自動的に子どもを育てることができるはずである。このことから母性行動である育児行動は、生得的なものではなく、母親からや集団のなかで学習されるものであることがわかっている。

　研究所や動物園にいる群れから隔離されて育ったチンパンジーのなかには、育児の仕方がわからない個体もいるため、人間がチンパンジーのぬいぐるみを使って子どもの抱き方や授乳の仕方を出産前に教える場合もある。このような例からわかることは、育児行動が集団のなかでの観察や学習、経験を通して獲得されていくということである。そして、この育児行動を通して次第に母性が育まれていくのである。

　母性が経験と学習といった育児行動によって育まれていくのだとしたならば、母性は女性特有のものではなく、男性も持ち得ると考えられる。父親が母親と同じように子育ての主担当になっている場合には、子どもへの対応が母親と同じになることがわかっている（Field, 1978）。すなわち、育児の副担当である父親と主担当である母親の行動には差がみられるが、主担当が父親の場合には差がみられない。父親であっても主担当で育児を担ううちに、子どもに話しかけるときに**マザリーズ**[2]（**母親語**）へ変化するなど、主担当の母親に類似した育児行為がみられるようになる。

　また、父親における乳児の泣き声の認知（弁別と類推）は、

育児行動の頻度と関係することが示されている（神谷, 2002）。さらには、育児にまだ関わっていない初妊群（妻が妊娠中の夫群）においても、泣き声の認知が可能であったことから、すでに子どもが生まれる前から泣きに対処するための認知的な枠組みが作られていくことも示されている。このことから父親であっても、養育行動へ向けた認知の形成が可能であることがわかる。

　母親自身の「女性は母性を持っている」との考えが、女性を追い詰めて子育てへネガティブに影響することもまた示されている。江上（2005）は、子どもの発達水準の低いケースの場合に、母親の母性愛信奉が怒りの感情制御へネガティブに働くことを示している。すなわち「母親であれば育児に専念することが第一である」「何といっても子どもには産みの母が一番良いのである」といった信念で高得点を示す母親は、自分の期待に我が子が応えてくれないと、怒りの感情を抱く傾向がある。

　これら研究結果は、母親だけが母性を担うと考えることが育児にマイナス要因であることを示している。子どもへの母性行動は父親でも母親でも可能であり、さらに母性は母親が、父性は父親が持つものと決めるのではなく、むしろ個々の家庭で母性や父性の受け持ち方はそれぞれであると考える方が、現在の多様化した家族の形態にフィットすると思われる。たとえば、母親が父性的役割を受け持ち、父親が母性的役割を受け持つ家庭もあるだろうし、一人の母親が母性も父性の両方を持ち合わせ、状況によって使い分ける家庭もあるであろう。また、そもそも母性、父性と分ける考え方自体が性別役割分業に根差した考え方とみられ、この視点から脱却して親としての役割を包括

的に捉える見方が必要であろう。

## 2. 脳科学からみた親性

　育児の役割を性別に根差して考えることは、個々の親として
の役割を狭めてしまい、延いては子どもに与えることができる
教育・養護内容を狭めることにつながる。したがって、父親と
して母親としてではなく、親として子どもに出来ることを問う
「**親性**」や、「**育児性**[3]」（大日向、2015）と捉える方が、子ど
もの最善の利益につながると思われる。

　昨今、この「親性」に対応する脳内ネットワークの存在が明
らかになってきている（Abraham, Hendler, Kanat-Maymon,
Zagoory-Sharon, & Feldman, 2014）。Abraham et al.（2014）
は、「親性」に対応する脳内ネットワークが、父親母親という生
物学的な性差とは関係なく、主担当の養育者であるかどうかに
よって、活性化され変化することを明らかにしている。

　この実験では、第1子を持つ89人の親を3つのグループに
分けて、脳内ネットワークの比較を実施した。第1のグループ
は、育児の主担当を担っている母親グループ、第2グループは、
育児の補助的担当を担っている父親グループ、第3グループは、
育児の主担当を担っている父親グループである。これらのグル
ープの実験参加者の子育て場面の脳内活動を f MRI
（functional magnetic resonance imaging :機能的核磁気共鳴
画像法）で調べたところ、第1グループの脳活動は、ミラーニ
ューロン・システムとこのシステムと連携している感情を司る
領域が活動しており、母親が情動的共感を働かせて子どもと関

わっていることがわかった。第 2 グループの父親の脳内活動は、前頭前野のメンタライジング・システムが働いており、子どもの心を認知的に捉えて関わっていることがわかった。第 3 のグループの父親では、第 1 と第 2 グループでみられた脳内活動の両方の部位、つまり情動共感的関わりと認知的関わりの部位が活動していた。もし、性差によって育児が規定されているとしたならば、第 3 グループにおいても第 2 グループと同じ部位の活動がみられたはずである。

　また、父母だけではなく親ではない男女を含めて 3 歳以下の子どもの「笑い声」「泣き声」への脳内活動（ f MRI）を調べた研究でも、性差は関わりなかった（Seifritz et al.,2003）。むしろ育児経験の差が反応の違いとして表れており、親ではない男女の場合には「笑い声」に対して扁桃体の賦活が認められるが、父母の場合には「泣き声」の方に、より賦活が認められた。扁桃体は、対人関係における感情を司る部位で、他者の行動や発話に情緒的反応をする。親ではない男女の脳内活動と比較して父母の方が「泣き声」への反応がみられたということは、ケアに関わる経験の積み重ねによる変化とみられる。

　このように親性に関わる脳内活動は、性差に規定されるのではなく、経験によって活性化することが示されている。すなわち、父親でも育児経験により母性行動がみられるという前述した Field（1978）の研究のような行動レベルでの研究結果が、脳科学の研究によってさらに裏付けられたといえよう。

　母性行動や育児性、親性の研究には、父母とその子どもを対象としたものが多いが、我が子ではない子どもとの継続的接触体験によっても親性に関わる脳機能が活性化することが報告

されている（佐々木ら、2010）。出産・育児経験のない未婚青年男女 19 名が、0〜3 歳児の世話を 3 カ月間（1〜2 週間に 1 回程度）経験した。その前後の脳内活動の比較をしたところ、経験後の方が感情・情動・注意の領域において活発な活動が認められた。この研究では、泣いている乳幼児の映像に対する参加者の言語反応を調べた。すると育児体験前には、73.7%に「うるさい」「不快」「どうしてよいかわからない」等のネガティブな感情や戸惑いがみられた。しかし体験後には、84.2%が「どうにかしてあげたい」「気になる」「あやしたい」などの共感的でポジティブな反応に変化した。さらには、脳活動においても体験後には変化がみられ、泣き声に対して感情や注意、認知領域に関わる前部帯状回、後部帯状回、両側の中前頭回に有意な賦活が認められた。

　このことは継続的接触によって、乳児の泣き声への感受性や共感性が育成され、心のみならず身体器質的にも育児へプラスの方向へ変わることを示している。昨今の痛ましい虐待事件の加害者となる保護者が、虐待の理由として「泣き声がうるさかった」と答えるケースがみられることから、青年期から乳幼児のケア体験をすることによって親性に関わる脳内ネットワークを作り上げていくことは、将来自らの子どもが生まれたときに有用であるだけでなく、虐待への予防につながる。


## 2. 父親の育児


### （1）父親になる過程

　女性の場合には、妊娠してからつわりや胎動など、身体を通じて我が子の存在を認識することができ、お腹の子どもに話しかけるなど妊娠中から出産にかけての体験を経て、徐々に母親になっていくことができる。また、最近は妊婦健診の機器の進歩によってリアルに胎児の姿をみることができることも、母親としての意識を高める一助となっていると考えられる。

　それに対して、妊娠や出産を経験しない男性の場合、父親としての意識の形成過程は違う様相を帯びる。父親は母親から胎動の様子を聞くことや、周囲の扱いが変わることで少しずつ父親としての自分を形成していく。Robinson & Barret（1986）によれば、父親としての意識形成過程は次のような段階を経るという。まず妻の妊娠を知ったときに興奮状態となり、次第に落ち着くと妻の気持ちや行動に共感的になり、妊娠 3〜6 ヶ月になると無力な自分に孤立感を抱く。その後、妻の出産時までは不安が少しずつ高まり、出産時には高揚感が最も高い状態になり、出産後には一時的に抑うつ状態となってから通常の心理状態に戻っていくという。

　ここでみられるのは、胎児の直接関わりながら母親の意識を形成していく女性に対して、妻の状況や気持ちを通して間接的に意識を形成していく男性の姿である。また、胎児との相互作用を期待しつつも、父親としての意識を感じられないと男性の50％が考えているという調査や（村上ら、1995）、子どもへの肯定的感情が女性より低い（赤川ら、2009）という研究結果もある。

　このような男女の違いは、自己概念の違いに表れている。小野寺（2003）は、妊娠 7〜8 か月から出産後 3 年間に両親の自

己概念がどのように変化するかを調べた。その結果、母親は妊娠期から「妻としての自分」と「母親としての自分」が同程度に高いのに対して、男性は「社会に関わる自分」が最も高い。さらに出産後2年、3年と経過するにつれて、男性は「社会に関わる自分」を、女性は「母親としての自分」を強めていく。

また、ベネッセ教育次世代育成研究所による乳幼児の父親についての調査（2014）では「子育てや自分の生活で不安なこと」の上位項目に、「将来の子どもの教育費用が高いこと」「育児費用の負担が大きいこと」「自分の収入が減少しないかどうか」といずれも経済的な面に関する事柄が挙がっている。ここから男性のなかでの父親としての意識は、「経済的な面を支える＝父親」の図式に基づいて形成される部分があることがうかがえる。

すなわち父親は子どもが生まれることによって、稼得責任者としての意識が強く働くとみられる。父親自身が父親の役割をどのように考えているかを調べた調査（桑名・桑名, 2006）では、「父親が認知する父親が備えていなければならない要件」の回答が、「愛情」「経済力がある」「健康」「家庭を守る」「父としての自覚」の順序で高い選択率となっている。母親が「愛情」「健康」「子どもの気持ちの理解」「明るい」「笑顔」の順序で答えている内容と比較すると大きく異なっていることがわかる。父親が一家の大黒柱として経済力を持つという伝統的な役割観を抱いていることが、この調査から示されている。

このように子どもが生まれると父親は、子どものケア者としての親意識よりも稼得責任者としての親意識を強く意識する。この強固な意識は、母親が代わって稼得責任を担った場合には、変化するのであろうか。少ないサンプルであるが、育児のため

に退職をしてフリーランスになる経験をした父親の事例研究がある（小笠原、2009）。父親の語りからは、夫婦で稼得責任を一緒に担うことができる妻の収入があるという安心感を見出すことができる。とはいえ、この研究で小笠原が明らかにしているように非伝統的な役割の獲得は容認できても、伝統的役割の委譲は容認できないことから、父親が稼得責任者としての意識を手放すのは容易ではなく、大きな葛藤を伴うと考えられる。このような葛藤について、作家の白石玄氏は、朝日新聞（2019年 4 月 20 日生活欄「キミとどたばた」）の取材の中で次のように述べている。「これは、女性に背負わせてきた荷物を男性が自分で持つようになった時に生まれる葛藤だと思うんです。ただ、一緒に生きていく人と心地よい空間を作るための葛藤でもあるから、決して価値のないものだとは思いません。」と、その葛藤を意味づけている。

　親としての意識の面だけでなく、子どもへの**愛着**[4]という面においても男女の違いはみられる。愛着の形成は、通常 0 歳から 1 歳にかけて子どもが大人との双方向のやりとりを通して、次第に形成されていくと考えられている。女性の場合には、出産前から胎動や身体的変化を通して、いわば愛着形成の基盤を育みつつあるのに対して、男性の場合には実際に子どもの生まれた姿を目にしたときを始点として、子どもとの日々の触れ合いのなかで成長を実感することによって愛着が作られていく。このような愛着形成の始点の違いが、女性と男性の親意識の違いにつながっている。親意識の違いを超えて、共に子どもを育てるためにも、胎児期からの父親の愛着基盤をどう形成するのかは重要である。

男性が早期から愛着基盤の形成することは、父親としての役割の受容つながる。そして、この役割受容が出産後の父親の育児や家事参加を高めることにつながるため、従来のように生まれてから次第に父親としての意識を持つのではなく、もっと早期の妊娠時から父親となるための意識を作っていくことが必要であろう。

## （2）「父親の子育て」の出現

　日本の「父親の子育て」政策の流れは、以下のように概観することができる（巽，2018）。1999年の新エンゼルプランが施行されたときに厚生省（当時）が作成した「育児をしない男を、父とは呼ばない」というポスターが大きな話題を呼んだ。初めて父親が子育てをするということが、政府主導で世の中にアピールされたことの意味は大きいであろう。しかしながら、この1990年から2001年に出された施策の多くは、あくまでも子育ての主担当は女性であり、男性はそれを支援するという枠組みのものであった。

　その後2002年から2009年になると、様々な施策の中で「子育てする親として父親の存在」が浮上し、2010年から現在にかけては、「子育てする父親」としてイクメンという言葉が台頭する時代に入る。

　2010年6月に厚生労働省（以下、厚労省）は「男性の育児休業取得促進事業：イクメンプロジェクト」を立ち上げ、そのホームページではイクメンのことを「子育てを楽しみ、自分自身も成長する男性のこと、または将来そんな人生をおくろうと考

えている男性のこと」としている。プロジェクトでは、男性の育児休業（以下、育休）取得、仕事と家庭の両立、育児への参画を促すための多様な事業を展開している。

たとえば、「イクメン企業アワード」「イクボスアワード」の実施、企業向けセミナーの開催等である。イクメンプロジェクトのロゴでは、「育てる男が、家族を変える。社会が動く」というキャッチフレーズが付いている。「イクメン」という言葉は、2010 年末の新語・流行語大賞のトップテンに入り、現在では雑誌やメディアにおいて「仕事もできて、家事・育児もできるかっこいいイクメン」の読者が取り上げられるようになってきた。

このような流れは、子どもの発達に関わる研究の流れとも関係している。父親が子育てに携わることなく、母親が育児の主担当であった 1980 年から 1990 年には、「父親が家庭に不在であることが子どもの発達にどのような影響を及ぼすか」についての知見が蓄積され、1990 年から 2001 年については「母親への子育て支援」に焦点を当てた研究がなされた。

2002 年から 2009 年になると、「父親の子育て」が登場することで、「父親の育児の実態調査」や「父親が子育てに関わることの夫婦関係の変化」「父親が関わることによる子どもの発達的変化」についてなど父親の子育てを対象とした研究がみられるようになってくるが、母親の子育てと父親の子育てを区別して据えている。

2010 年から 2017 年にかけて次第に、父親を母親と同じ立ち位置において、「育児ストレス」や「父親の発達に育児の及ぼす影響」「育児を通して家庭関与をする意味」など、男性の生涯発達のなかに子育てを位置づける研究テーマへと移っていく。

## （3）父親の育児ストレス

　「イクメン」という華々しい言葉と裏腹に、父親たちは葛藤やストレスと対峙する日常を送っている。ベネッセ教育総合研究所・次世代育成研究室の乳幼児の父親についての調査結果（2015）によれば「家事や育児に今以上に関わりたい」と考えている父親の割合は、2005 年 47.9％、2009 年 54.2％、2014 年 58.2％と上昇している。家事や育児への関わりたいという意識があるものの、労働環境は変わらない現状のなかで育児に関わる余裕がない実態との乖離に葛藤やストレスを感じている姿が垣間見える（矢澤他 2003、冬木 2009、多賀 2017）。厚労省による 2017 年度雇用均等基本調査によれば、男性の育休取得率は 5.14％である。2016 年度の 3.16％よりは上昇がみられるが、2020 年度の目標数値 13％には程遠い数値である。

　さらに三菱 UFJ リサーチ＆コンサルティングによる「平成 29 年度仕事と育児の両立に関する実態把握のための調査」によれば、末子が 0 歳以上 3 歳未満である 20〜49 歳の男性正社員のうち、勤務先に育休制度があるため利用したかったが利用しなかった男性は 15.3％、勤務先に制度がなくて利用したいが出来なかった男性は 20％おり、利用を希望していながら利用できなかった率は合わせて 35.3％に上る。一方で、制度があるにもかかわらず「利用しておらず、利用したいと思わなかった」、制度がないが制度があったとしても「利用したいと思わなかった」率は 45.6％とおよそ 5 割に上る。育休を取得しない理由の上位 5 位は「業務が繁忙で職場の人手が不足していた」「会社で育休制度が整備されていなかった」「職場が育休を取得しづらい雰

囲気だった」「自分にしかできない仕事や担当している仕事があった」「収入を減らしたくなかった」の順である。このことからいまだ制度や社内の体質が休業取得を許さない状況や、作業を他の人へ容易に譲渡できるシステムづくりが成されていないことがみて取れる。

　このような労働環境の中で、父親の感じる葛藤とは、仕事と育児の両立、すなわち **WLB** に関わる点でみられる。「仕事のせいで育児ができない」と感じる一方で、稼得責任を果たすためにも夜遅くまで残業をしなければならないという葛藤や、「育児のせいで仕事ができない」という仕事上の自己実現が育児によって中断されることにストレスを感じるといった事例がみられる（多賀、2011）。こうした**ワーク・ファミリー・コンフリクト**[5]（Work Family Conflict、以下 WFC）は、男性の方が高いことが示されている（裵、2011）。

　また冬木（2008）が都内の父親に実施した調査によれば、父親の感じる育児へのストレスは「育児負担感」「仕事と育児の葛藤」「育児疎外感」「育児意欲の低下」「父子関係不安感」であった。「育児負担感」とは、育児は妻の仕事であるのに自分がしなければならないことによる負担感のことを指している。一方で「仕事と育児の葛藤」とは、逆に育児をしたいと思うのに仕事があるために関われない場合の葛藤で、これは「育児意欲の低下」につながる。「育児疎外感」は子どもに好かれてないのではないかと育児に不安を抱くことであり、「父子関係不安感」は子どもとの関係性に不安を抱くことからくるストレスである。

　5つのストレスはどれも子どもへの影響が考えられるが、特に「育児疎外感」「父子関係疎外感」は子どもとの直接的な関係

性を含んでおり、虐待の要因にもなり得るので注意が必要である。

　子どもとのネガティブな関わりにつながる可能性の高い育児ストレスは、「子どもと相性が悪いのではないか」「子どもが自分になつかない」というような「愛着関係の不安」や、「子どもが煩わしくてイライラする」「子どもに感情的になりやすい」という「受容性の低下」であることが示されている（冬木、2009）。

　このうち「受容性の低下」は、家計の経済状態と関係があり、年収が低いほど受容性は低下する。すなわち経済的な余裕のない厳しい労働環境の置かれていることが、子どもの気持ちに寄り添う余裕を拭い去ると考えられる。この調査結果は、地方小都市によるものであるためにすべてを一般化することはできないが、父親の育児を推進するためには労働環境や経済政策を含めて考えなければならないことを示唆する看過できない結果である。


## （4）葛藤を意識するに至らない父親の存在

　WLB の葛藤を感じる父親は、「育児に関わりたいが仕事があって関われない」「仕事をしたいが、育児に時間を取られる」と、「育児」と「仕事」の間で悩みを感じているのであるが、そのような葛藤を意識するに至らないケースも多い。第一子出生時の育休取得者469人と育休非取得者5252人への調査結果では、育休非取得者のうち育休を取得せずに有給休暇で間に合わせる男性が 1663 人（育休非取得者 5252 人中）いた（長沼・中村・高村・石田、2017）。その理由として、上位 5 位は「有給休

暇など、他の休暇で対応できたため」38.7%、「仕事が忙しく、休むことができなかった」36.1%、「妻が育休を取得したため、自分は必要ないと思った」32.3%、「育休を取得すると、収入が減るため」29.3%、「育休を取得すると、周囲の迷惑になると思った」26.7%となっている。ここからわかることは、子育て世代の父親が、育休を取得することが収入減につながる、周囲に迷惑をかける等、デメリットであると判断して有給休暇で代替しようと考えていることである。また、この研究によれば、「育休制度が適応されない」と制度自体の認識がない男性も 9.6%存在した。

　一方で、妻の出産後に育休も育休以外の休暇取得もしなかった男性（休暇非取得者）は 3589 名で、その理由は上位から順に「仕事が忙しく休むことができなかった」39.9%、「配偶者が無業（専業主婦）のため」29.0%、「休暇を取得すると周囲の迷惑になると思った」27.7%、「普段から休暇を取得する人が少なかった」23.0%、「妻が育休を取得したため、自分は必要ないと思った」22.3%である。休暇非取得者は、自分が休暇を取得してまで家事・育児に携わる必要性を感じておらず、むしろそれは妻の役割であると考えていることが推察される。

　この調査結果から、育休を取得することがデメリットにならないような施策や職場の環境整備、雰囲気づくりが必要であること、さらに男性が家事・育児に関わろうとする意識を阻む要因分析や啓蒙が求められるといえる。


## （5）父親が育児・家事に関わるためには

では、どのようにすれば父親の育児・家事への関わりを増やすことができるのであろうか。育休の取得や、経済的な支援、保育施設の充実などの施策を施すことだけでは、父親の関わりを増やすことはできない。いくら施策が講じられても、父親が主体的に働き方を変更できるような社会の風潮がなければ難しい。その風潮を阻む要因のひとつが、男性自身のなかにある「仕事こそが男性の役割である」という強固な信念であろう。前述の冬木（2008）の研究で明らかになった「本当は妻の役割なのに自分が担っているという育児負担感」や、「育児をしたいが仕事があってできないという仕事と育児の葛藤」の背後にある信念とみられる。

　このような信念を変えるためには、父親が子どもと二人きりになる時間を持ち、子どもの世話をする役割を担う体験が大切であることがわかっている（庭野、2007）。子どもと遊ぶという補助的な育児ではなく、「おむつ交換」や「寝かしつけ」という子どもの世話に関わる育児の中心的な役割を担うことで、「仕事がすべて」ではなくなり、育児による「自分自身の内面の成長」を感じるような変化があることが示されている。

　森下（2006）の研究においても、育児に携わる経験が「子どもを通した視野の広がり」「過去と未来への展望」「家族への愛情」といった仕事以外の面へ目を向けるきっかけとなり、自身の成長につながったと父親自身が認知していることが報告されている。

　また、大野（2016）は「家族する」ことが男性の「男は仕事優先」というジェンダー規範から脱却する鍵となると述べている。「家族する」とは、父親や母親、夫や妻といった家庭内での

立場による役割を果たすことではなく、立場や役割に関係なく、家庭状況のニーズへ柔軟に対応することを指す。たとえば、大野（2008）は、「稼ぎ手役割にこだわらない新しい男性の出現」として「仕事＝家庭型」の意識を持つ男性が存在することを挙げている。妻も自分も稼得責任を均等に担うことで余裕ができた家庭的責任を自分も担おうとするタイプで、配偶者の稼得や就業を考慮して柔軟に役割分担を変えて取り組む姿勢が見受けられる。

このように日常生活のなかで、家事や育児に関わる体験を積み上げていくことが、男性の仕事規範に基づいた考え方を変化させていくと考えられる。

## 4.　共育ての意義

### （1）子どもの発達への共育ての意義

日本では、愛着形成期である 0〜1 歳頃の子どもを持つ父親の、育児に関わる時間が少ないことは周知のことである。愛着の形成は「どれぐらいの時間子どもと一緒に過ごしたか」という量ではなく、「どのように過ごしたか」という質が重視される。そのような意味では、愛着の形成は時間的制約を超えて作ることが可能なわけではあるが、やはり愛着形成のために必要なやりとりを子どもと積み重ねるには相当の時間が必要となる。

Bowlby,J. によれば、養育者からの世話を受けることや遊びを通したやりとりを通じて、子どもは 1 歳頃までに愛着を形成する。子どもは、この初めに作られた養育者との愛着を**内的ワー**

キングモデルとして心的に内在化し、その後に関わる人間関係に適用していくと考えられている。愛着の対象は、一人であると特定されているわけではなく、何人かの間に同時期に作られていくことがわかっている。愛着対象が複数いるということは、それだけその子の安全基地がたくさんあるということである。この安全基地が多いということは、子どもの発達へのプラスに働く。夫婦で共に子どもを育てるということであれば、どちらか一方ではなく、父親であっても母親であっても子どもが安心して過ごせるような愛着関係を築いていくことは必須である。そのためには、子どもが泣いても落ち着いて対応ができるような育児スキルを持った父親の育成が必要であろう。

　また、愛着の面だけでなく発達への刺激という面でも、どちらか一人の親ばかりが関わるのではなく、両方の親が関わる方が多様な刺激を与えることができ、子どもの学べることが多くなる。ブロンフェンブレンナー（Bronfenbrenner, 1979;磯貝・福富, 1996）の生態学的アプローチ(6)が示しているように、母親だけでなく父親も育児に関わるのであれば、父親の人間関係もまたその子どもの人的資源となる。このような多くの人的資源に支えられて生活範囲を広げることで、社会について学習の機会が増え、子どもは社会性を伸ばしていく。逆に、親のどちらかばかりが子どもに関わるのであれば、育児負担が偏り、育児ストレスや虐待につながるため子どもの発達へのリスクが高くなる。ともに協力して育てることが、夫婦関係の良好さにつながり、さらには子どもの安定した発達につながる。

## （2）世代を継いでのモデルがない「共育て」

　リーマンショック以降の給与所得の伸び率の低下、長寿化や人口減少による労働力の低下、女性の社会進出による共働き家庭の増加に伴い、性別役割分業では家庭生活の運営を滞りなく行えなくなってきている。もはや前述したような伝統的性別役割意識から夫婦で子育てを共に担うことへ人々の関心は移り、子どもの発達を地域や夫婦でどのように支えるかへとシフトしている。

　このような社会状況の変化を考えれば、21 世紀は両親ともに稼ぎ手としても家事・育児の担い手としても、協力しながら家庭を運営していくことを求められる時代となった。19 世紀の家長としての父親が強調された時代から、稼ぎ手としての父親が強調された 20 世紀の時代を経て、21 世紀には稼ぎ手と育児・家事の協働の担い手としての新しい父親像が求められている。

　2017 年度版の内閣府男女共同参画白書（内閣府男女共同参画局，2017）によれば「夫は外で働き、妻は家庭を守るべきである」という考え方に関する意識は、2014 年 8 月の調査時点で反対する女性の割合は 51.6％（どちらかといえば反対 34.2％、反対 17.4％）、男性 46.5％（どちらかといえば反対 32％、反対 14.5％）であったが、2016 年 9 月の時点で女性の割合が 58.5％、男性の割合が 49.4％と上昇傾向である。また、家事・育児に関わりたいと考えている男性は 58.2％（2014 年によるベネッセ教育次世代育成研究所「第 3 回乳幼児の父親についての調査報告書」の首都圏の 0〜6 歳の乳幼児を持つ父親 2645 名への調査）と 5 割以上に上る。

このような役割分業にリベラルな傾向とは裏腹に、父親の育児・家事の頻度や時間に大きな変化はみられない。その理由のひとつとして、育児も家事もする父親モデルがいないという理由が考えられる。従来、子育ては自分が育てられた方法をモデルとすることが多い。しかしながら、現在の子育て世代の父親の父親（子どもにとっては祖父）は、いわゆる性別役割分業の世代であって、必要とされている育児も家事もこなす父親像のモデルとはならない。さらには、夫の側に妻と共に子どもを育てるための家事・育児スキルが不足している点も原因として挙げられる。

この点をカバーするために、自治体やNPO法人が主催する父親教室などで、先輩父親が家事・育児スキルを伝授していくような父親同士の交流の場を作ることは必要であろう。また、伝統的な性別役割分業が残り、稼ぎ手としての意識が高い日本の父親にとって、家事・育児をすることで仕事をおろそかにすることにつながるのではないかという、いわゆるWFCを抱えることも多いと考えられる。新しい父親像に邁進すれば邁進するほど、両方できなければ「かっこいい父親」になれないという強迫観念にとらわれることもあるかもしれない。このような悩みを共有し、話す場所があることが父親のメンタルヘルスにもつながる。


## （3）アロマザリングという子育て形態

父親や母親による子育てについて考えてきたが、子どもの発達は親以外の人にも支えられている。母親以外の人物が、子ど

もの世話を受け持つことを**アロマザリング**という（根ケ山・柏木，2010；柏木，2011）。保育所は、集団でアロマザリングを行っている代表格（根ケ山、2013）であるが、その他にも地域のママ友パパ友同士の交流や子育て支援一つであるファミリーサポート、学童クラブなど多様な形態がみられるようになってきている。子どもがこのような多様なケア形態のなかで、いろいろな大人の養育を受けることは、愛着対象が増え、居場所が広がることにつながる。また、アロマザリングの場で、子ども同士が出会うことは、社会性を培うことにもなる。

　また、親たちにとっては時間的余裕ができるだけでなく、子育てを一緒に担ってくれる人がいることで、心理的余裕ができ、子どもとの関係性を健全に保つことができると考えられる。地域社会で子どもを育てるとは、まさにアロマザリングの考え方であり、核家族で共働きが増えた昨今に有効活用できる子育て形態のひとつであるといえる。


## （4）次世代への教育

　生涯発達の視点においても、幼児の頃から父親となるための「**養護性**」や「**親性**」を養っておく必要がある。幼児であれば縦割り保育のときに保育者の助けを借りながら自分よりも年下の子どもの世話をすることで、児童期であれば小学校との交流授業の機会に、中・高校生ならば保育所等での体験授業のなかで継続して子どもと触れ合うことが、自分よりも幼い者を守り、慈しむ気持ちの形成につながる。また、親としての将来を描くことにもつながる。

2015 年 3 月に閣議決定された少子化社会対策大綱では、中学・高校生等が乳幼児と触れ合う「乳幼児ふれあい体験」を学校、家庭、地域で実施することで、子育てに対する理解を促す取り組みを推進している。さらに 2016 年 6 月に閣議決定された「ニッポン一億総活躍プラン」でも、自分の職業、家庭、将来について考えるための体験としてこの取り組みをさらに強化することとしている。

　中学・高校の学習指導要領には、「乳幼児ふれあい体験」に関する内容が記載されている。また、次世代育成支援対策推進法に基づく行動計画策定指針においても「次世代の親の育成」への取り組みの必要性が盛り込まれ、「男女が協力して家庭を築くこと及び、子どもを生み育てることの意義に関する教育・後方・啓発について、各分野が連携しつつ効果的な取り組みを推進することが必要である」と示されている。

　こうした施策に則って中学生・高校生は、家庭科や総合的学習の時間、職業インターンシップを活用して、保育所や幼稚園、保健所、児童書館等で、子どもたちと触れ合う機会を持っている。また、子どもと触れ合うだけでなく、親子と触れ合うことから学ぶ取り組みもなされている。NPO 法人ファザーリング・ジャパンは、高等学校の「子どもの発達と保育」の授業へ父親とその子どもを「パパティチャー」として送り出す事業を展開している。生徒たちは、子どもと父親の触れ合う姿の直接体験や、育児についての語り、育児スキルの実演などをみることで親になることを学ぶ。特に男子にとっては、こうした体験は「共育て」の意識を作り、育児をするイメージ形成につながるといえるだろう。

## コラム❸　玩具に映し出される現代家族の姿

　平成の時代は、まさに性別役割分業の見直しが進んだ時代で、そのことは子どもの玩具に反映されている。タカラトミー社による着せ替え人形「リカちゃん」の父親ピエールは音楽家で、昭和時代は長期で家を空けることが多かった。それが、2014年には1年間の育休取得を宣言して、6人の子どもの育児を担っている。同年には「イクメンオブザイヤー2014」のキャラクター部門を受賞した。

　また、エポック社による動物のミニチュア玩具「シルバニアファミリー」では、1994年にウサギのお母さんが「仕立屋さん」という職業を持ち始めて以来、母親は有職の設定となった。それまで母親の人形にはエプロンを着せていたが、それも外した。2018年には、カワウソファミリーの父親が赤ちゃんを抱いて、母親とともに育児に携わっている。さらにペルシャネコ一家の双子の姉妹は2人とも科学が好きな「理系女子」の設定となっている。

　このように時代を映す設定が玩具にされることは、子どもの発達に意義がある。なぜなら性別役割にとらわれない価値観もまた、人形を使ったごっこ遊びの中で再現することで育まれていくからである。

＜注＞

（1）三歳児神話とは、子どもは3歳までは家庭の中で母親の手によって育てられることが発達上望ましく、母親以外の他者の手で育てられることは発達に支障をきたすという科学的根拠も合理的根拠のない

子育ての考え方のことを指す。

（2）通常私たちが子どもに話しかけるときには、普段の話しかけよりとは違う話法を使用することが多い。母親語（motherese）と訳されることあるが、母親に関わらず養育者全般の子どもへの特徴のある語りかけのことである。高いピッチが用いられ、大きな抑揚で、ゆっくりと語られ簡単な文や単語を用いるなど特徴がある。マザリーズで語りかける方が、子どもの応答が多いことがわかっている。マザリーズと混同されやすいものに育児語（baby-talk）があるが、これは「ワンワン」「ブーブー」といった子どもの発話の特徴を持った言葉を指す。

（3）子育てを担当する性差へのこだわりを離れて、親の子育てを地域社会全体で支えていこうとする共育ての理念に基づく概念で、母性・父性に変わる新しい概念である。

（4）アタッチメント（attachment）の日本語訳である。ボウルビィ（Bowlby,J.）による概念である。人が特定の他者との間に形成する情緒的な絆のことである。発達的には人見知りが始まるおよそ8か月から1歳頃には、初めての愛着が作られる。愛着対象は一人とは限らず、形成時期も異なる。母親や父親だけでなく、祖父母や保育士など複数の対象を持っているということは、その子どもにとって「安全基地」が多くあることになる。子どもが愛着対象へ求める内容は母親には世話を求め、父親には遊びを求めるというように対象によって異なる。愛着は、乳幼児期に限らず、児童期、青年期、中高年期に渡る生涯発達において、人と人をつなぐ機能として重要な役割を担う。

（5）制約がある時間のなかで仕事と家庭に関わる業務の両方をこなすためには、どちらかの業務を選択せざるを得ないことへの認知的葛藤と、それに伴う罪悪感等といった心理的葛藤を指す。たとえば、親の介護によって時間的にも心理的にも家庭の役割の比重が高くなり、

職場での業務の遂行が妨げられるような場合に、どちらを選択するかを迷うことや、それによって心理的負担がかかるなどの葛藤を抱えることをいう。性差によって WFC の様相は違いがあることが分かっている。

（ 6 ）ブロンフェンブレンナー（Bronfenbrenner,U.）は、子どもの発達を捉えるときに子どもを取り巻く環境との相互作用を視野に入れて考えなければならないと主張した。子どもを中心とした 5 つ水準からなる生態学的システムを提唱した。子どもが直接関わる家族や保育士のような人間関係をマイクロシステムといい、マイクロシステム同士の相互作用による人間関係のつながりをメゾシステムとした。次の水準のエクソシステムは、母親の職場での人間関係や、保育士同士の人間関係など子どもが直接には経験をしないが、間接的に影響を与える関係性をいう。その次の水準に位置するマクロシステムは、経済や文化といった社会文化的な影響のことを指す。最後の水準がクロノシステムで、時間的経過を伴う環境のことを指し、たとえば就職や転動などで家族形態が変わることや自然環境の変化などに伴う環境変化の影響のことを指す。

# 第❹章

# 科学技術におけるジェンダー平等の障壁

　元号が平成から令和へ変わり、新たな時代を迎えた。世界的課題である持続可能な社会を構築するうえで重要な点は、SDGs[(1)]（持続可能な開発目標）にも掲げられた「ジェンダー平等と女性のエンパワーメント」である。グローバル化が進み AI 時代を迎えた今、日本は未来社会のあるべき姿として**超スマート社会**[(2)]（Society5.0）の実現をめざしているが、少子高齢化に伴う人口減少が深刻化するなか、これまでの人材育成では十分な成果は期待できないであろう。

　イノベーションを担うのはまさしく「人」である。理系分野への女性参画は多様で独創的な「知」の創出のみならず、男女共同参画社会の実現にも資する。イノベーションを活性化するうえで女性の活躍は不可欠だが、日本でリケジョ（理系女子）は増えない。そこで本章では、科学技術における女性参画の現状と問題点について、関連データを踏まえながら明らかにする。

## 1．科学とジェンダーのステレオタイプ

### （1）STEM領域における女性研究者の過少代表性

　女子の大学進学率は長期的にみて上昇傾向にある。文部科学省（以下、文科省）「平成30年度学校基本調査」によれば、大学における女子学生の割合は、学部45.1％、修士課程31.3％、博士課程33.6％であり、過去最多となった。理系に在学する女子学生も過去20年間で2倍以上に増加しているが、その多くは保健や農学の分野に傾いている。文系との差は少しずつ縮小しているとはいえ、女子における文高理低の状況に変わりはない（図4－1）。人工知能（Artificial Intelligence、以下AI）やモノのインターネット[3]（Internet of Things、以下IoT）が進むなか、**STEM**（Science, Technology, Engineering, and Mathematics）または**MINT**（Mathematics, Informatics, Natural Science, Technology）に関わる教育の重要性が認識されているが、理工系の学部・学科へ進学する女子は少ない。

**図4－1**　　理系・文系に占める女子学生の割合

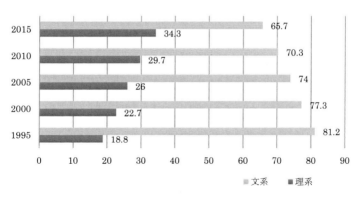

出典：NWEC（2016）「男女共同参画統計ニュースレターNo.19」p.2より筆者作成。単位：％

科学技術・学術研究を含む多様な分野でのジェンダー平等は**男女共同参画基本計画**(4)（以下、参画計画）でも強調されてきた。1999年の**男女共同参画社会基本法**(5)（以下、参画基本法）に基づき女性研究者の育成支援が進められているものの、十分な成果は得られていない。横山ら（2016）によれば、女性研究者の育成支援が本格化したのは第3期科学技術基本計画(6)（以下、科技計画）の策定と女性研究者支援モデル育成事業がスタートした2006年以降とみられる。その後、女性研究者は漸増しているが、その割合はきわめて低い（図4－2）。

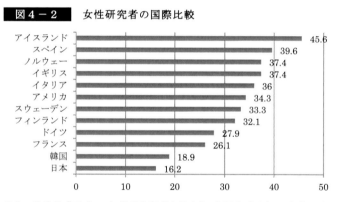

**図4－2　　女性研究者の国際比較**

| 国 | 割合 |
|---|---|
| アイスランド | 45.6 |
| スペイン | 39.6 |
| ノルウェー | 37.4 |
| イギリス | 37.4 |
| イタリア | 36 |
| アメリカ | 34.3 |
| スウェーデン | 33.3 |
| フィンランド | 32.1 |
| ドイツ | 27.9 |
| フランス | 26.1 |
| 韓国 | 18.9 |
| 日本 | 16.2 |

出典：総務省『平成30年科学技術研究調査』、内閣府『平成29年版男女共同参画白書』より筆者作成。日本（2018）以外は2013-15年の数値。単位：％

　近年の「リケジョ」ブームやAI技術の影響もあり、理工学系への関心は高まりつつあるが、それでも理学・工学系へ進学する女子の割合は限られる。前述したように、自然科学系のなかでも医学や薬学を含む保健分野の女子占有率は高い。つまり、

将来的に出産や育児等でキャリアが中断する可能性を考え、医師や薬剤師等の国家資格取得が可能な分野を選択するという女子特有の傾向がみられる。

**表4-1　自然科学系における男女別新規採用者数**

|  | 新規採用者数（人） | 男性 | 女性 |
|---|---|---|---|
| 理　学 | 6,339 | 4,756<br>（75.0%） | 1,583<br>（25.0%） |
| 工　学 | 15,966 | 13,996<br>（87.7%） | 1,970<br>（12.3%） |
| 農　学 | 1,859 | 1,081<br>（58.1%） | 778<br>（41.9%） |
| 保　健 | 4,567 | 2,916<br>（63.8%） | 1,652<br>（36.2%） |

注：データは 2017 年度、保健は医・歯・薬学を対象。

出典：総務省、前掲書（2018）p.10 より筆者作成。

　こうした傾向は、自然科学系における男女別新規採用者からもうかがえる（表4-1）。具体的にみると、男性は工学が 87.7%と最も多く、次いで理学 75.0%、一方女性は農学が 41.9%、保健 36.2%と続く。理工系を中心に自然科学系における男性優位の状況に変わりはない。同時に社会で共有されている「理系＝男性／文系＝女性」「男性は理数系が得意、女子は理数系が苦手」といったステレオタイプ、女性は科学から排除されてきた歴史が背景にある。

とはいえ、人材不足が深刻化し、AI×IoT の進化が加速するなかで、科学技術創造立国としての付加価値を増大させるには大きなポテンシャルを有する女性研究者の育成は欠かせない。日本の国立アカデミーであり、内閣府の特別機関の一つである日本学術会議も「女性を排除せず、ジェンダー・バランスを確保することがアカデミアの質保証とその向上につながる」と提言しており、今や科学技術イノベーションにおけるジェンダー平等は衆目の一致するところである。

**図4−3** 　専攻分野別に占める女子学生の割合

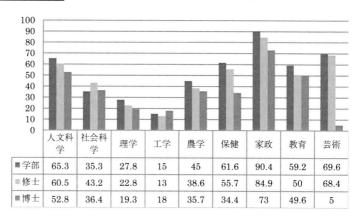

| | 人文科学 | 社会科学 | 理学 | 工学 | 農学 | 保健 | 家政 | 教育 | 芸術 |
|---|---|---|---|---|---|---|---|---|---|
| ■学部 | 65.3 | 35.3 | 27.8 | 15 | 45 | 61.6 | 90.4 | 59.2 | 69.6 |
| ■修士 | 60.5 | 43.2 | 22.8 | 13 | 38.6 | 55.7 | 84.9 | 50 | 68.4 |
| ■博士 | 52.8 | 36.4 | 19.3 | 18 | 35.7 | 34.4 | 73 | 49.6 | 5 |

注：保健には医・歯・薬学等が含まれる。専門職学位課程、法科大学院、教職大学院を除く（単位：％）。文科省（2018）「学校基本調査」より筆者作成。

科学技術分野における女性の過少代表性は世界的課題でもある。特に STEM 領域で活躍する女性は少なく、こうした状況は専攻分野別に占める女子の割合からも容易に理解できる（図

4－3)。背景には、性別役割分業に基づく進学構図（女子＝文系、男子＝理系）や「文系／理系」という二分化された文化とそれを再生する教育システムが存在する。たしかに国内における女性研究者は年々漸増しているが、研究者全体に占める割合は圧倒的に男性が多い。男女差は歴然であり、政府が掲げる数値目標（自然科学系全体で 30%）には程遠い（図4－4）。

**図4－4**　日本の研究者に占める男女比率の推移

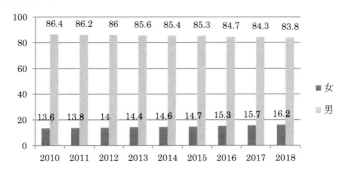

出典：総務省、前掲書（2018）9 頁より筆者作成。単位：%

　日本で科学技術分野における女性研究者が少ない（リケジョが育ちにくい）最大の理由として、ワーク・ライフ・バランス（以下、WLB）の問題がしばしば指摘される。ライフイベントは多くの女性研究者にとって継続的な研究活動を遮り、いわゆる **Leaky Pipeline 現象**(7)をもたらす。出産や育児を機に多くの女性が研究職としてのキャリアから離れることは、トップリサーチャーの年齢から考えても、後述する論文生産性の問題に少なからず影響する。その結果、研究開発における多様性の推進、

延いては日本の研究力向上の障壁となってしまう。したがって、今後は法制度の整備だけでなく、企業や大学の取り組みと男性側の意識改革および家事・育児参加を促し、社会全体で WLB を整備しなければならない。併せて、理系進路をめざす女子学生が自らの将来像を描けるようなロールモデルの存在も重要になってくる。

## （2）論文生産性にみる女性研究者問題

優れた研究成果により、継続的にイノベーションを創出していくためには基盤的な力が欠かせない。基盤的な力をめぐる国際比較として論文の量と質が挙げられるが、これに関して英科学誌「nature」（2017）は、「自然科学系学術ジャーナルに掲載された日本の研究者による論文数が過去 5 年間で 8.3％減少した」と警鐘を鳴らした。世界的にみて日本の論文数は減少傾向にあり、2000 年代以降における我が国の論文数の世界ランキングは 2 位（2003-05）から 4 位（2013-15）へ、また論文の質の高さを示す指標の 1 つである被引用度上位 10％論文数ランキングでも、日本は 4 位（2003-05）から 9 位（2013-15）へと後退している。

文科省（2018a）によると、直近 10 か年における分野別論文数の減少率で際立つのは、物理学（－27％）、材料科学（－23％）、化学（－12％）、工学（－9％）であり、被引用度上位 10％分野別論文数の減少率も、材料科学（－36％）、化学（－26％）、物理学（－21％）、工学（－18％）、など同様の傾向にある（図 4 －5－1， 4－5－2）。

### 図 4 − 5 − 1　研究分野別論文数の増減率（直近 10 か年）

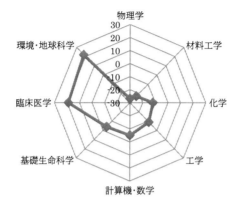

出典：文科省（2018）「日本の研究力低下の主な経緯・構造的要因案　参考データ集」p.5 より筆者作成。

### 図 4 − 5 − 2　研究分野別 Top10％論文数の増減率（直近 10 か年）

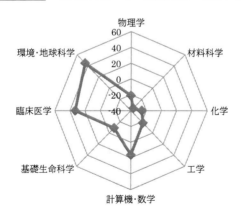

出典：文科省、前掲書（2018）p.5 より筆者作成。

このように、日本の科学研究が失速するなか、研究者1人あたりの論文数に関するデータがオランダのエルゼビア社（学術論文系出版社）より公表された。同社報告「世界の研究環境におけるジェンダー」（2019）では、1996年からの5年間と2011年からの5年間における執筆論文数（人文社会系を含む）の男女差について分析されている。それによると、2011-15年の5年間における論文数はほとんどの国で男性研究者が女性研究者を上回るが、日本は女性研究者の方が多い（図4-6）。この傾向は1996-2000年においても同様で、日本の女性研究者の少数精鋭ぶりがうかがえる。これに関連して、加藤（2014）は「日本の大学では女性研究者の割合と論文数の伸び率は正の相関関係をもつ」と指摘し、「女性研究者の増加によって研究成果が向上する可能性は十分に考えられる」と説いている。

**図4-6**　　**男女別研究者1人あたりの論文数（2011-15）**

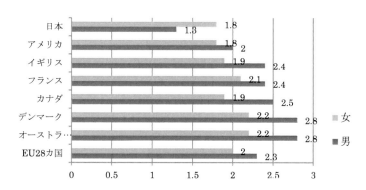

出典：日刊工業新聞「日本の女性研究者は少数精鋭：日本の論文数、女性が男性上回る」2017年4月20日付より筆者作成。

　ただしここで注視すべきは、年代別にみた論文生産性と女性のライフイベントとの関係である。研究者の論文生産性が高い時期はキャリア開始から 8 年以内に多くみられ、ノーベル賞の受賞につながる研究の大半は、20 代後半から 40 代前半にかけての実績が中心ともいわれる（図 4 － 7）。

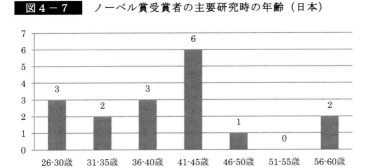

**図4－7**　ノーベル賞受賞者の主要研究時の年齢（日本）

出典：文科省（2018）「日本の研究力低下の主な経緯・構造的要因案参考データ集」p.37 より筆者作成。

　文科省（2018）によると、トップリサーチャー（各分野における被引用度上位 10％以内の論文執筆者）の半数以上は 30〜44 歳に集中するが、この年代の女性の多くは出産および育児期に差し掛かる。いわゆるM字カーブに象徴されるように、この年代の女性はライフイベントに直面し、離職する割合も高い。そのため、トップリサーチャーの性別内訳は男性 95.0％に対し、女性はわずか 5.0％にとどまる。男性の意識も含め WLB が未整備な状況下では、男性研究者よりも女性研究者がハンディを

負いやすい。このような状況を改善しない限り、研究力の向上や科学技術イノベーションの活性化にはつながらないであろう。歴代のノーベル賞受賞者（科学部門）の顔ぶれをみても、日本から女性研究者は輩出されていない。

**コラム❹　ノーベル賞は男性ばかり？！**

2018 年のノーベル物理学賞では、レーザー技術を開発しその功績が認められたカナダのドナ・ストリックランドが受賞した。物理学賞における女性の受賞者は 55 年ぶりで、遡れば放射線の研究で 1903 年に受賞したマリー・キュリー、その後原子核の研究で 1963 年に受賞したマリア・ゲッパート・マイヤーに続き、3 人目となる。1901 年から 2018 年の間にノーベル物理学賞は 112 回授与されているが、この 3 人以外に女性の受賞者はいない。ノーベル化学賞、医学賞も同様である。科学部門のノーベル賞受賞者 688 人のうち女性はわずか 21 人。科学分野で女性がノーベル賞を受賞する確率は、科学分野における女性研究者の比率から予測される確率よりもはるかに低い。そこには女性に対する偏見ではなく、女性の研究環境における制約が影響している。

## （３）国際学力調査にみる女子の理数能力

研究者育成の面から高校までの教育は大きな意味を持つ。女子が初等教育段階から理系分野に興味を抱き、周囲の理解も進めば、リケジョの増加も期待できる。しかし、子どもの

性別で異なる教育期待や女子は理系に不向きとする先入観は
根強い。また進路選択や専攻分野にみられる性差は、女性が
理数能力に劣ることを意味するものではない（図4－3）。

**表4－2　PISA「数学的リテラシー」平均点の男女別推移**

| | | 2003 | 2006 | 2009 | 2012 | 2015 |
|---|---|---|---|---|---|---|
| 日　本 | 女 | 530 | 513 | 524 | 527 | 525 |
| | 男 | 539 | 533 | 534 | 545 | 539 |
| 韓　国 | 女 | 528 | 543 | 544 | 544 | 528 |
| | 男 | 552 | 552 | 548 | 562 | 521 |
| アメリカ | 女 | 480 | 470 | 477 | 479 | 465 |
| | 男 | 486 | 479 | 497 | 484 | 474 |
| イギリス | 女 | — | 487 | 482 | 488 | 487 |
| | 男 | — | 504 | 503 | 500 | 498 |
| ドイツ | 女 | 499 | 494 | 505 | 507 | 498 |
| | 男 | 508 | 513 | 520 | 520 | 514 |
| ノルウェー | 女 | 492 | 487 | 495 | 488 | 503 |
| | 男 | 498 | 493 | 500 | 490 | 501 |
| OECD平均 | 女 | 495 | 489 | 490 | 489 | 486 |
| | 男 | 505 | 500 | 501 | 499 | 494 |

出典：未来工学研究所（2016）『理工系分野における女性活躍の推進を目的と
した関係国の社会制度・人材育成等に関する比較・分析調査報告書』、p.36よ
り筆者作成。

国際的な学力調査として、国際教育到達度評価学会（IEA）
が実施する**国際数学・理科教育動向調査**[(8)]（TIMSS）や経済
協力開発機構（OECD）による**学習到達度調査**[(9)]（PISA）は
その主要なエビデンスとなる。これらの学力調査にみられる
我が国の女子生徒の成績（読解力、数学的・科学的リテラシ
ー）は、OECD加盟国の平均を大きく上回り、国際的に高い
レベルを示している（表4−2）。

　たとえば、2012年のPISA（数学的・科学的リテラシー）
の結果をみると、日本の正答率は男子が女子をわずかに上回
るが、2000年と2003年では日本の男女に統計的な有意差は
認められない。それどころか、2009年のPISA（科学的リテ
ラシー）は女子が男子を上回った（図4−8）。にもかかわら
ず、日本では理系女子の増加につながらない。

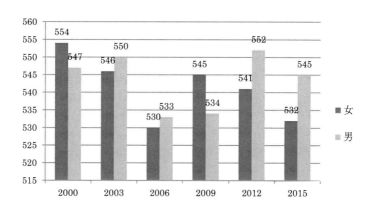

**図4−8**　　PISA「科学的リテラシー」平均点の男女別推移（日本）

出典：未来工学研究所、前掲書（2016）より筆者作成。

　OECD 加盟国の多くは女子生徒の PISA や TIMSS の成績が日本より劣るものの、女性研究者の割合は日本よりも高い。なぜ日本でリケジョは増えないのか。その理由は、理数科目の学力不振ではなく、理系分野に対する固定的なイメージや周囲の教育期待、ロールモデルの不足などが女子の理系進路を阻んでいるからである。つまり、日本のリケジョ問題は女子の学力不振にあるのではなく、女子の理科離れを助長する社会的・文化的要因が作用することで理系進学やキャリア志向につながらない点にある（未来工学研究所、2016）。

　女子の理科離れに対する懸念から、科学技術分野におけるジェンダー問題が注目されるようになった。特に 2006 年以降、科学技術政策において女性研究者に対する育成支援が重視されてきている。その背景には AI×IoT による**第 4 次産業革命**[10]が加速するなか、多様な人材育成が求められていること、そして Society5.0 への移行を図るには女性を含む多様な人材活用を進めなければならないとする日本政府の問題意識がある。こうした動向は科学技術分野におけるダイバーシティの促進にとどまらず、男女共同参画社会の実現という観点からも注視すべきであろう。

　しかしながら、科学技術・学術分野には**ジェンダー・バイアス**[11]が横たわり、**メリトクラシー**[12]の原則が支配的な学術分野の採用・評価において、性差による偏見や性別役割分業が大きく影響しているといわれる。研究力の向上という点からすれば多様性が求められるはずなのだが、学術界でさえもジェンダー・バイアスが存在し、女性は過小評価されやすいということだろうか。

## 2．学術研究に蔓延るジェンダー・バイアス

　「女子＝文系／男子＝理系」という構図の背景に、ジェンダー秩序の再生産装置として機能してきた学校文化がある。換言すれば「文系／理系」という日本特有の二分化された文化とそれを再生する教育システム、雇用制度がある。こうした男女で異なる進学構図、性別カテゴリーに基づく専攻分野の偏向は社会全体のジェンダー秩序と深く関わっており、性別役割分業に由来するバイアスが影響している。これについては**再生産理論**(13)の立場から指摘されてきた。

　その第1人者であるアルチュセール（Althusser.L.）は学校を国家のイデオロギー装置と捉え、「学校を通じて人々は不平等や格差社会を正統なものとして受容する」と説く（2005）。この理論を踏まえて、ブルデュー（Bourdieu.P.）、バーンスティン（Bernstein.B.）、ボウルズ（Bowles.S.）＆ギンタス（Gintis.H.）らも学校教育が不平等な社会関係を正統化し、再生産するメカニズムについて唱えた。つまり、学校には顕在的なカリキュラムとは別に目にみえない、教育者は意図しない**隠れたカリキュラム**(14)（**hidden curriculum**）が存在する。それは児童生徒に対して潜在的に伝えられるメッセージ（権力作用）であり、これによって伝えられるメッセージには、性差や偏見に関わる差別的なものが多い。また、子どもの性別に応じた周囲の教育期待やロールモデル不足、女子は理系に不向きとする誤った見方、科学に対する固定的なイメージが女子の理系志向を遮り、性別カテゴリーに基づいた文理選択と専攻分野による偏向が繰り返される。

　すでに述べたように、PISA（数学）の調査結果（表 4 - 2）をみるかぎり、日本の女子の平均点は韓国とともに OECD 加盟国の平均点を上回る。アメリカ、イギリス、ドイツ、ノルウェーより良好だが、必ずしも女子の理系進学やキャリア志向につながらない。日本よりも成績スコアが低く、男女の得点差が大きいアメリカ、イギリス、ドイツ、フランス、スペイン、イタリア、フィンランド、スウェーデンの方が女性研究者の割合が日本よりも高い（図 4 - 2）。

　日本でリケジョが育ちにくく、理工系分野で活躍する女性が少ない要因に、ジェンダー・バイアスがある。すでに述べたように、メリトクラシーの原則が支配的な学術分野においても、性差による偏見や性別役割分業構造が大きく影響している。一見、中立的にみえる評価基準のなかにも、潜在的バイアスがかかっていることを明らかにした論文がある。当時スウェーデンの大学に在職していた女性研究者（アグネス・ウォルド、クリスティーヌ・ウエナラス）らが、科学論文の査読過程にジェンダー・バイアスがかかっていることを指摘し、英科学誌「nature」（1997）に掲載された。これを機に国際会議「女性と科学」（1998）が開催され、欧州を中心に女性研究者支援政策が本格化したといわれる。その後、2017 年にはアメリカ地球物理学連合（American Geophysical Union：AGU）が査読過程におけるジェンダー・バイアスの存在を調査している。

　AGU から刊行された学術誌（2012-15）を分析したところ、論文をアクセプトするかの判断について、査読者と執筆者の性別による影響は確認されなかった。それどころか、投稿論文の筆頭執筆者のうち女性は 26％、女性筆頭執筆者 1 人あたりの

発表論文数は男性よりも少ないが、女性筆頭執筆者の論文は男性筆頭執筆者の論文に比べて採用率が高い結果が得られた（女性 61％：男性 57％）。さらに AGU の調査によると、2012-15 年の期間において論文の査読に参加したすべての査読者のうち、女性の割合は 20％であった。これは女性筆頭執筆者の 27％、共著者の 23％、AGU 会員に占める女性の割合 28％よりも低い。

　男性の方が研究に向いているとか、男性研究者の方が能力に優れるという根拠のない先入観や、女性研究者は科学技術分野で大きな成果を出せないという偏見は根強い。女性と科学をミスマッチとするステレオタイプやアンコンシャス・バイアス（無意識の偏見）の形成について、小川（2016）は「近代科学は 2 つの意味（科学に関する教育研究から女性を排除してきたこと、男女の違いや能力差を強調してきたこと）で女性の敵であった」を指摘している。女性に高等教育が開かれたのは 19 世紀半ば以降であり、学術コミュニティとしての学会も女性に門戸を閉ざしてきた。男女の違いや性差を強調することで科学から女性を排除してきた長い歴史が、ジェンダー・バイアスとして深く根付いているのかもしれない。

　たとえば、日本学術会議会員に占める男女の差は歴然としている（図 4 − 9）。学会の長や役員レベルでは男性が 9 割前後を占めている。また大学の教員配置や上位職についても然りである。第 3 次参画計画（2010）では、大学教授等に占める女性の割合を 2020 年までに 30％以上引き上げる目標が掲げられたが、その最新値は 16.2％にとどまる（図 4 − 10）。ジェンダー・バランスを確保するには大学を中心に多様性を進め、ジェンダーに基づく旧い規範や偏見を払拭しなければならない。

## 図 4 － 9　　日本学術会議会員に占める男女比率

| 期 | 女 | 男 |
|---|---|---|
| 第24期 | 32.9 | 67.1 |
| 第23期 | 23.3 | 76.7 |
| 第22期 | 23.3 | 76.7 |
| 第21期 | 20.5 | 79.5 |
| 第20期 | 20 | 80 |
| 第19期 | 6.2 | 93.8 |
| 第18期 | 3.3 | 96.7 |
| 第17期 | 1 | 99 |
| 第16期 | 5 | 99.5 |
| 第15期 | 1.9 | 98.1 |

■女
■男

注：第 15 期（平成 3 年 7 月～）以降、第 24 期（平成 29 年 10 月～）まで 3 年
任期（単位：%）。出典：内閣府「平成 29 年度女性の政策・方針決定参画状況
調べ」p.79 より筆者作成。

## 図 4 － 10　　大学教員（職階別）に占める男女比率

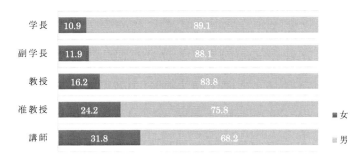

| | 女 | 男 |
|---|---|---|
| 学長 | 10.9 | 89.1 |
| 副学長 | 11.9 | 88.1 |
| 教授 | 16.2 | 83.8 |
| 准教授 | 24.2 | 75.8 |
| 講師 | 31.8 | 68.2 |

■女
■男

注：データは 2017 年 5 月 1 日現在（単位：%）　出典：内閣府「平成 29 年度
女性の政策・方針決定参画状況調べ」p.77 より筆者作成。

多様性が求められる学術界でさえジェンダー・バイアスが存在し、女性であるがゆえに過小評価されやすい。一般に「男性は論理性、女性は関係性を重視する」という文化的価値観に影響されているのだろうか。男性の方が女性よりも能力に優れるという先入観は、女性のキャリア構築を阻むものでしかない。男性研究者と同レベルの能力をもちながら、女性は男性以上の成果を出さない限り、採用や昇進は厳しい状況にあるともいわれる。こうしたジェンダー・バイアスの実態は男女研究者へのアンケート結果からも観取される。

　科学技術振興機構（以下、JST）の「アンケート報告：研究開発プロジェクトのダイバーシティを進めるために」（2018）によると、JSTの制度を含む公的資金による研究開発プロジェクト等に関して、女性であることが採択に不利になると感じたことが「ある」と答えた女性研究者は16％と以外にも少ない。「ない」と答えた女性研究者は25％で、59％は「わからない」としている。男性研究者で「ある」と答えた割合はわずか2％にとどまり、41％は「ない」、57％は「わからない」と答えている。「ある」と答えた理由として「人脈中心に採択されていると感じるため」が29％と多く、次いで「審査委員に男性が多く、女性が適正に評価されないと感じるため」21％、「女性の採択実績が少なく、男性中心のプロジェクトと感じるため」21％、「出産・育児等と研究活動の両立に審査委員が不安視するため」15％と続いている（図4－11－1）。同アンケート回答者の6割が男性であり、JSTの研究開発プログラムへの応募や採択された割合をみても「男性優位」の状況であることは明らかである。

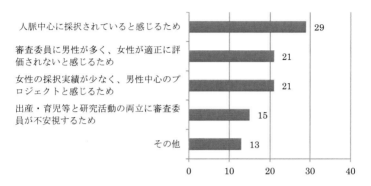

**図 4 − 11 − 1**　公募で女性が不利と感じる理由

| 項目 | 値 |
|---|---|
| 人脈中心に採択されていると感じるため | 29 |
| 審査委員に男性が多く、女性が適正に評価されないと感じるため | 21 |
| 女性の採択実績が少なく、男性中心のプロジェクトと感じるため | 21 |
| 出産・育児等と研究活動の両立に審査委員が不安視するため | 15 |
| その他 | 13 |

出典：JST（2018）「アンケート報告：研究開発プロジェクトのダイバーシティを進めるために」より筆者作成。複数回答（単位：％）

　WLB に関して「出産・育児等により十分な研究開発時間が取れない」という理由で応募を見送ることは「ない」と答えた割合も男性の 88％に対し、女性は 55％と家庭内での負担が大きい。また公的資金による研究開発プロジェクト等に「女性枠」を設けることについて、「賛成」と答えた割合は男性 21％に対し、女性は 44％と高い。「反対」と答えた割合は男性 55％、女性は 25％にとどまった。「女性枠」の是非で反対と答えた理由は男女とも「不平等」が多い。次いで「採択されても周囲の目（評価）が気になる」を理由に反対と答えた割合も女性に多くみられる。

　では「女性枠」以外に、女性の応募件数を増やすための効果的な取り組みとは何か。この質問に対しては、「男性の育児等への参加が促進されるような仕掛け（例：育休取得時の研究費増

額等）」16％、「審査委員に女性を増やす」14％、「出産・育児等のための費用負担」12％が目立つ（図４−11−2）。

「女性枠」以外に女性の応募を増やす効果的なこと

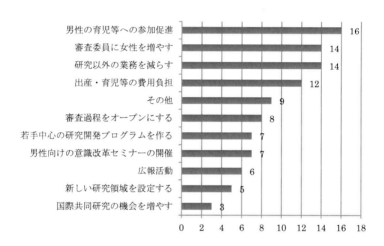

出典：JST（2018）「アンケート報告：研究開発プロジェクトのダイバーシティを進めるために」より筆者作成。複数回答、単位：％

　最後に、女性のトップサイエンティストを育成するための効果的な方策については「メンター制度・コーチング等」18.3％、「トップサイエンティストのロールモデルの提示」18.3％、「若いうちに海外に出て経験を積む」17.5％などが多い（図４−11−3）。同アンケートの回答者属性は男性60.2％に対し、女性は39.4％であることからも、研究開発分野における男性優位の状況がはっきりとうかがえる。

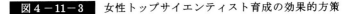

**図 4 − 11 − 3**　女性トップサイエンティスト育成の効果的方策

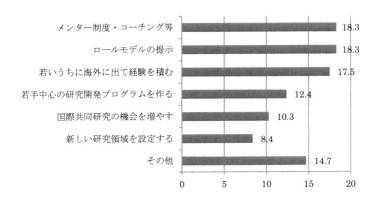

出典：JST（2018）「アンケート報告：研究開発プロジェクトのダイバーシティを進めるために」より筆者作成。複数回答、単位：%

## コラム❺　医学部入試は男性優位？！

　2018 年 9 月、医学部の不正入試問題が世間を騒がせた。女子の合格者数を得点操作で抑制し、特定の受験生に加点する不正入試が常態化していたという。これを受けて、文科省が医学部医学科のある全国の国公私立大を対象に緊急調査を行ったところ、平成 30 年度までの過去 6 年間における男女別平均合格率で、男子受験者が女子受験者を上回った大学は 8 割近くにのぼった。継続的に男子の合格率が女子を上回るのは不可解である。日本女性医療者連合も「入試問題は毎年違うのに、これだけ男子の合格率が女子を上回るのは自然ではない。面接官の男女比を開示すべきである」とコメントしている。そして 2019

年4月、文科省は大学入試の公正確保を図るため、性別や年齢など属性による差別的扱いを禁止するルールを盛り込んだ中間報告をまとめた。はたして医学部入試の公正性は確保されるだろうか。

<注>

（1）ミレニアム開発目標（MDGs）を土台とし、2015年9月の国連持続可能な開発サミットで採択された（Sustainable Development Goals：SDGs）。17のグローバル目標と169のターゲット（達成基準）が掲げられ、そのなかには「ジェンダー平等と女性・女児のエンパワーメント」が含まれている。

（2）狩猟社会（Society 1.0）、農耕社会（Society 2.0）、工業社会（Society 3.0）、情報社会（Society 4.0）に続く新たな社会を意味する。それは、サイバー空間（仮想空間）とフィジカル空間（現実空間）を高度に融合させたシステムにより、経済発展と社会的課題の解決を両立する人間中心の社会である。

（3）デジタル技術の進展とあらゆるモノがインターネットにつながり、そこで蓄積された様々なデータはAIによって解析する。その結果新たな製品・サービスの開発が期待される。

（4）男女共同参画社会基本法（1999）に基づき、男女共同参画社会の形成促進を図るための法定計画として、2000年12月に閣議決定された。その後2005、2010，2015年と5年間隔で第2次から第4次までの計画が策定されている。

（5）男女共同参画社会形成についての基本理念を明らかにし、その取り組みを総合的かつ計画的に推進することを目的に、1999年施行された。

（6）科学技術基本法（1995）に基づき、科学技術の振興に関する施策の総合的かつ計画的な推進を図るための基本的な計画である。今後10 年程度を見通した 5 年間の科学技術政策を具体化するものとして、第 1 期（平成 8 ～12 年度）、第 2 期（平成 13 ～17 年度）、第 3 期（平成 18 ～22 年度）、第 4 期（平成 23 ～27 年度）、第 5 期（平成 28 ～32 年度）まで策定されてきた。

（7）学生から大学教員や研究者になる段階でライフイベントを機に、多くの女性が研究職としてのキャリアから離れてしまう現象。

（8）国際数学・理科教育動向調査（Trends in International Mathematics and Science Study：TIMSS）は IEA（国際教育到達度評価学会）により、1964 年から（1995 年以降は 4 年ごとに）実施されている。その目的は初等中等教育段階における児童・生徒の算数・数学及び理科の教育到達度を国際的な尺度によって測定し、児童・生徒の学習環境条件等の諸要因との関係を分析することにある。日本の場合、小学 4 年、中学 2 年が対象となる。

（9）学習到達度調査（Programme for International Student Assessment：PISA）は OECD（経済協力開発機構）により、2000 年から 3 年ごとに実施。その目的は義務教育修了段階（15 歳）において、これまでに身に付けてきた知識や技能を実生活の様々な場面で直面する課題にどの程度活用できるかを測ることにある。読解力、数学的リテラシー、科学的リテラシーの 3 分野から出題され、日本では義務教育段階を終えた高校 1 年が対象となる。

（10）18 世紀末以降の機械化を特徴とする第 1 次産業革命、20 世紀初頭の電力を用いた第 2 次産業革命、70 年代初頭からの電子工学や情報技術を用いた第 3 次産業革命に続く。第 4 次産業革命が進めば、あらゆるモノがインターネットにつながり、そこで蓄積される様々なデ

ータを AI が解析することで、新たな製品やサービスが生まれてくる。

（11）社会的・文化的性別に基づく偏見や差別を意味する。男女の役割について固定観念を持つことや、女性に対する評価や扱いが差別的であることなど。

（12）能力や業績を社会的な価値とする原理（能力主義）を意味する。教育学においては、教育を経済効率主義と結びつけ、競争的秩序に駆り立てるイデオロギーとして捉えられる。

（13）社会は不平等や格差に満ちており、繰り返し生産される。それは、国家のイデオロギー装置としての学校を通じて、人々は不平等な社会を正統なものとして受容するからである。このアルチュセールの考え方を踏まえて、アップル、ブルデュー、ボウルズ、ギンタスらが研究した理論を指す。これに対し、パーソンズ（Parsons,T）は、性別役割は社会システムの維持に必要な分業であるとし、学校が性別役割を再生産することは向社会的な機能であると唱えた（機能主義理論）。

（14）再生産理論によって用いられる概念。教育者が意図していない事柄が教育者の言動や教授過程での偶発的な出来事などを通じて伝わるカリキュラムのこと。学校における制度や慣行、教師と生徒の関係、慣習として形成された暗黙の決まりには、潜在的に伝えられてしまうメッセージがあり、そのなかにはジェンダーや偏見に関わる差別的なメッセージが多く含まれる。

# 第❺章

## 理数科目に対する意識の性差と理科離れ

　リケジョは年々漸増しているものの、政府が掲げる目標値（自然科学系全体で30%）には程遠い。日本でリケジョが育ちにくい背景には、性別役割分業に基づく社会全体のジェンダー秩序やジェンダー・バイアスの問題がある。つまり、女子に理科離れが多くみられる要因として指摘されるのは、①「男子＝理系／女子＝文系」といった固定的なイメージ、②子どもの性別で異なる親や教師の教育期待、③理科の実験や観察の主導権は男子が握り、女子は傍観者となりやすい、④ロールモデル不足が女子のキャリ形成や理系志向につながらない、などである。本章では、理数科目に対する意識の性差を明らかにしながら、女子の理科離れを助長する上記①～④の社会的・文化的要因について取り上げる。

## 1．男女で異なる学習意欲と態度の変化

　理数科目に対する意識の性差はいつ頃からどのように現れるのか。心理学の立場から森永（2017a）は、「数学が得意でない」「数学で良い成績を取る」といった数学に関連する自己概念（math self-concept）を用いて、多くの国では男子の方が数学

を自己概念と結び付けているとし、男子の有意性を指摘する。さらに「女子が自己概念に数学を取り入れないのは、me=girl（gender identity）をもち、girl≠math（ステレオタイプ）を学習するために、認知的バランスを取ろうとして、me≠mathになるためである」とし、「me≠math を示すために、女子は数学への興味や意欲を低めるのではないか」と論じている。

また北條（2015）は、TIMSS と PISA の結果を踏まえ「日本では算数・数学の学力や学習態度に男女差があり、学習態度は小学 4 年でみられた性差が中学 2 年で拡大し、女子は数学に対する自信や意欲を否定する傾向が強い」と指摘する。理科離れと性別の関係について、山口県内の小中学生を調査分析したものに井上・池田（2008）の研究がある。そのなかで、女子の理科離れは中学で急速に進み、女子は男子に比べ「日常生活に関係ない」「他教科の方が大切」「将来の仕事に関係がない」を嫌いな理由に挙げている。

理数科目に対する意識の性差は小学校の段階からみられる。ベネッセ教育総合研究所（2015）によると、「算数は好き」と答えた割合の男女差は小学 5 年から拡大し、「理科は好き」と答えた割合の男女差は中学 2 年で著しい。「算数・数学の問題を考えるのが好き」と答えた割合も学年が上がるにつれて男女差が目立つ（表 5 − 1）。伊佐・知念（2014）は日本のある都市の小中学生を対象に実施された学力調査を分析しているが、そのなかで「小学校では算数の学力や意欲に性差はみられないが、中学校になると学力も意欲も女子は男子を下回る」とし、「女子＝文系、男子＝理系」というジェンダー秩序は次第に強化され、学力や意欲に反映される」と結論づけている。

| 表5-1 | 小中学生の理数科目に対する意識の変化 |

|  |  | 算数・数学は好きである | 理科は好きである | 算数・数学の問題を考えるのが好きである | 算数・数学は男子のほうが向いている |
|---|---|---|---|---|---|
| 小5 | 男 | 74.6 | 80.2 | 65.8 | 36.3 |
|  | 女 | 62.1 | 70.2 | 56.9 | 20.5 |
| 中2 | 男 | 61.0 | 60.7 | 55.6 | 22.4 |
|  | 女 | 48.5 | 42.4 | 44.5 | 22.8 |

注：「とてもそう思う」「まあそう思う」を合わせた割合（単位：％）　出典：ベネッセ教育総合研究所「第5回学習基本調査報告書」（2015）より筆者作成。

　また、リベルタス・コンサルティングの調査研究（2014）によると、理科に対する学習意欲・関心や授業内容の理解度は小学校段階で高く、中学校段階で大きく低下する。特に女子は中学校から理科離れが始まる。その理由として、女子は男子よりも「理科は日常生活に関係ない」「理科より他教科の方が大切だ」「理科は将来の仕事に無関係」を挙げている。これらの理由を裏付けるデータとして、同調査の質問項目に「理科の授業で学習したことを普段の生活のなかで活用できないか考えますか」「理科の授業で自分の考えを周りの人に説明し発表していますか」「将来、理科や科学技術に関係する職業に就きたいと思いますか」などがあるが、いずれも小学校の段階から男女間で大きな差が生じている（表5-2）。

| 表5－2 | | 小中学生の理科に対する意欲と態度 | | |
|---|---|---|---|---|
| | | 理科の授業で学習したことを日常生活の中で活用できないか考えますか | 理科の授業で自分の考えを説明したり、発表したりしていますか | 将来、理科や科学技術に関係する職業に就きたいと思いますか |
| 小学生 | 男 | 64.9 | 53.2 | 36.4 |
| | 女 | 59.0 | 40.2 | 20.3 |
| 中学生 | 男 | 45.5 | 34.6 | 32.7 |
| | 女 | 31.6 | 19.2 | 15.1 |

注：「当てはまる」と「まあまあ当てはまる」を合わせた割合（単位：%）
出典：リベルタス・コンサルティング（2014）「全国学力・学習状況調査の結果を用いた理科に対する意欲・関心等が中学校段階で低下する要因に関する調査研究」p.26 より筆者作成。

　理数科目に対する意識の性差に関しては、OECD「PISA in Focus」（2015）でも報告されている。それによると、「一般に女子は学校で日常的に遭遇している問題と似通った数学や科学の問題を解くことは得意である。しかし、状況を数学的に定式化し、現象を科学的に解釈するなど、科学者のように考えることが求められる質問では男子より成績が劣る」という。科学者のように考える能力のこうした男女差は、生徒の自信と関係している可能性が高い。なぜなら、自信がある生徒ほど、失敗を気にせずに数学や科学の知識を習得するうえで不可欠な試行錯誤を繰り返すからである。

## 2．女子の理科離れを助長する社会的・文化的要因

### （1）科学についてのイメージ

　女子の理数科目に対する自信の欠如は、科学に対する世間一般のイメージからも少なからず影響されやすい。

　内閣府（2017）「科学技術と社会に関する世論調査」によると、科学技術についてのニュースや話題に「関心がある」とする者の割合は男性で、「関心がない」とする者の割合は女性でそれぞれ高い。また、科学者や技術者の話を「聞いてみたい」と思う者の割合も男性で、「聞いてみたいとは思わない」とする者の割合は女性でそれぞれ高い。同調査は 18 歳以上の男女を対象に実施されているが、成人レベルになると科学技術への関心度は男女間で大きな差が生じていることがわかる。また、科学技術の発展のために必要な政策についての考えも男性を中心とした若手研究者の育成が 7 割以上と高く、女性研究者の育成支援は 2 割程度にとどまる。さらに同調査では、日本における女性研究者の過少代表性とその理由についても尋ねている。その結果、「出産や育児による研究の中断からの復職が難しいと思うから」「科学者の職場で女性は孤立・苦労しそうだから」「女性は理科や数学、科学などに向かないというイメージがあるから」「尊敬できる女性科学者が少ないから」などを挙げた者の割合が目立つ。

　女性と科学技術についての誤ったイメージや先入観は、内閣府（2016）「男女共同参画社会に関する世論調査」からもうかがえる。そのなかで「女性が増えるとよい職業・職種は何か」の

答えとして「研究者」を挙げた者の割合はおよそ3割にすぎない。このような意識や周囲の態度は子どもたちの進路・キャリア志向を左右する。「朝から晩まで1日中研究」「研究者は研究室に籠もる」「理工系は男性の領域」といった先入観や思い込みが、女子の理系分野に対する意欲を喪失させてしまう。また長時間働くことやそれを評価する風潮が、科学技術分野への女性参画を阻む要因になっている。

### コラム❻　科学者といえば男性？女性？

アメリカのノースウェスタン大学では半世紀にわたり、児童の科学と性別に関する意識について調査を行っている。1966〜77年に約5,000人の児童を対象に科学者のイメージを絵に描いてもらったところ、描かれた絵の99.6%は男性科学者であった。子どもの頃から「科学者＝男性」というイメージが植え付けられていたことがわかる。しかし半世紀近くが経ち、アメリカの女性科学者も着実に増え、子どものもつイメージも変化しているのではないか。6,7歳では「科学者＝男性」というイメージは低いが、16歳になると男女とも7割以上が男性科学者を描くという。このことは様々な情報を通してステレオタイプな科学者像が児童のなかで形成されることを示唆する。その一方で、児童が科学者を男性として描く割合は低下し、2015年の調査では半数以上の女児が女性科学者、男児も4割が女性科学者を描いたという。こうした変化はメディアに登場する科学者像の変化を反映している可能性が高い。

## （2）周囲からの教育期待

　日本では、バブル崩壊後の長引く不況を背景に家庭内所得は伸び悩み、女子高生の進学アスピレーションにマイナス効果をもたらした。その結果、大学進学の意思がありながら、高卒後の就職を選ぶ割合は男子より女子に多い。これには、子どもの性別で異なる親や教師の教育期待が影響している。

　全国高等学校 PTA 連合会・㈱リクルートマーケティングパートナーズ（2015）「第 7 回高校生と保護者の進路に関する意識調査」によれば、高校生が進路選択の際に影響を受ける人物は男女とも「母親」（40％）がトップ、「父親」（26％）や「友人」（19％）、「兄弟」（15％）、「担任」（12％）をはるかに上回る。進路について比べると、男子は「難易度の高い学校」（36.4％）を希望しているのに対し、女子は「学費の安い学校への進学」（58.8％）、「奨学金制度を活用した進学」（42.8％）など経済面（家計）を重視する傾向が強い。一般に、親が子どもの学歴に対してもつ期待度は娘より息子のほうが高く、「息子は大学卒、娘は短大卒もしくは高卒でよし」とする親が多い。子どもの性別で異なる親や教師の教育期待が経済不況になると、女子高生の大学進学にマイナス効果をもたらすと考えられる。

　女子が進路を選択するうえで保護者や教員といった身近な人々の意識や態度（期待感）は大きく影響するといわざるを得ない。子どもの進路選択に対する親や教師の期待に明確な男女差があることはこれまでにも指摘されてきた。「女子は理系に不向き」とする思い込みが親や教師の側にあると、能力がありながら女子は理数科目に自信が持てず、成績の低下につながっ

てしまう。こうした親や教師の意識・態度の背景には、社会で共有されている「理系＝男子、文系＝女子」といった学問分野とジェンダーを結び付けたステレオタイプがある。

　内閣府（2008）「女性研究者を応援します！女性研究者の活躍推進のための取組事例」によれば、理科の学習に対する周囲の意識は男女で異なる。中学 2 年の場合、「先生は私が理科でよい成績をとれると期待しているか」の質問について、女子より男子のほうが「そう思う」と回答している。また女子の方が、教師や両親が理系進路（将来、科学技術に関わる仕事）を選択することを喜ぶと思わない、あるいは理数科目で良い成績を取ることを期待していないと感じる割合が男子より多い。文科省（2000-02）「学校教育におけるジェンダー・バイアスに関する研究」からも、同様の結果がうかがえる。「中学 2 年からみた理科の学習に対する周囲の意識」について、「将来、自分が科学技術系の仕事に就くことを父母は喜ぶか」の質問に対し、「そう思う」と回答した割合は男子に多くみられた。

　さらに、日本ロレアル（2011）「理系女子学生の満足度に関する意識調査」でも、理系を選択した理由に「両親や兄弟姉妹など近親者の影響」（25.5％）と「高校の先生による授業」（21.4％）が全体のほぼ半数を占める。同調査の回答選択肢にある（「小学校の先生の授業 7.5％、「中学校の先生の授業」13.5％、「高校の先生の授業」21.4％）を合計して「学校の先生の授業」という括りでみれば、42.4％を占めその影響は大きい。この場合、同調査における先生の授業が、ロールモデル効果を意味するのか、教育方法によるものか、あるいは人柄や生徒との接し方・話し方等のコミュニケーション的側面によるものかは不明である

が、いずれにせよ、普段から接する機会の多い教師が理系への進路選択に強い影響を及ぼしている。

　同様の結果は、経産省（2016）「理工系人材育成に係る現状分析データの整理（学生の文・理、学科選択に影響を及ぼす要因の分析資料1)」からも得られた。進路選択における周囲の影響は大きく、理系選択の場合、男子は父親、女子は母親からの影響を受けやすい。両親が望んでいた職業タイプについて、理系男子の親（特に父親）は科学技術系の仕事を望むのに対し、理系女子の親（特に母親）は資格や免許を要する専門職を望む傾向がみられる。

　全国高等学校 PTA 連合会・リクルートマーケティングパートナーズ（2017）「第8回高校生と保護者の進路に関する意識調査」でも、進路選択の相談相手は男女とも「母親」がトップであり、特に女子は母親と進路について話す頻度が高い。進路選択に際し影響を受ける人物として、男子では父母が拮抗しているが、女子は圧倒的に母親が多い。同調査からは「高校生が将来就きたい職業」が「ある」と答えた割合は女子（65％）が男子（47％）を上回った。女子の過半数は高校生の段階で将来就きたい職業を決めている。女子の希望職種は「看護師」「幼児保育関連」「薬剤師」が上位を占め、STEM 関連の「研究者・技術者」「エンジニア・プログラマー・IT 関連」はほとんどみられない。一方男子は「公務員」がトップ、「エンジニア・プログラマー・IT 関連」は5位、「研究者・技術者」6位となっている。保護者の 73％は「子どもが希望する職業なら何でもよい」としつつも、子どもの性別により期待する職業に相違がみられる。具体的にみると、男子は「公務員」が突出し、次いで「医

師・歯科医師・獣医」、「医療事務・医療関連」、「技術者・研究者」と続く。一方、女子は「看護師」が多く、以下「公務員」、「医療事務・医療関連」であり、「研究者・技術者」を希望する保護者はかなりの少数にとどまる。

　以上のような、子どもの性別で異なる親の教育期待は日本に限らない。PISA を受けた国や地域の生徒の両親について調査したところ、子どもに STEM 分野の職業に就いて欲しいという意識（期待度）は、15 歳の男子（息子）と女子（娘）の数学の成績が同じ場合、女子（娘）よりも男子（息子）に対する期待度のほうが高い（OECD「PISA in Focus」（2015））。

## （3）実験・観察における主導権

　実験・観察への積極的な関わりが科目の選好に与える影響は大きい。学習指導要領において、実験は「児童が自ら問題意識をもって意図的に自然の事物や現象に問いかけていく活動」であることが強調されている。だが田中（2006a）は「男女共学の場合、実験の主導権は男子が握り、女子は傍観者となるケースが多い。その結果、女子は理系に向かないという先入観を植え付けてしまうのではないか」と指摘する。

　実験と科目選好との関係を示すデータはいくつかある。たとえば、河野ら（2004a）によると、8 割以上の中学男女は理科が好きな理由に「実験・観察」を挙げている。先の経産省（2016b）の調査でも、理系進学者のうち「実験・観察が理系の学科選択につながった」と回答した人の割合は、機械・電気、情報系で4 割近い。理系進学者の約 5 割が小中学生時に体験した電気、

機械、プログラミングやロボットの実験、化学や生物の実験が
学科選択につながったと回答している。リベルタス・コンサル
ティング（2014）の調査でも、小学生の77％、中学生の54.8％
は「理科が好き」「実験や観察が好き」と答えており、実験と科
目選好との関係が示されている。しかし、小学生から実験に対
する意識にも性差が生じ、中学生になると女子の理科嫌いが顕
著になる（表5−3）。

**表5−3　理科好き／実験好きと性別との関係**

| | | 実験も理科も好き | 実験も理科も嫌い | その他 |
|---|---|---|---|---|
| 小学生 | 男 | 58.3 | 5.0 | 36.7 |
| | 女 | 42.0 | 8.1 | 49.9 |
| 中学生 | 男 | 36.4 | 11.9 | 51.7 |
| | 女 | 19.5 | 21.3 | 59.2 |

注：その他には「実験は好き、理科はまあまあ」「実験は好き、理科は嫌い」「実
験は嫌い、理科は好き」のグループが含まれる（単位：％）。

出典：リベルタス・コンサルティング（2014）「全国学力・学習状況調査の結果
を用いた理科に対する意欲・関心等が中学校段階で低下する要因に関する調査
研究」p.15 より筆者作成。

　このように、理科に興味・関心をもつ理由の1つに実験・観
察が挙げられることから、その主導権を男子に握られる機会が
増えるほど「女子は理科に向かない」という先入観が植え付け

られ、理科に対する興味は薄れていく（田中、2006b）。河野ら（2004b）によれば、「実験や観察がおもしろい」と答えた割合は中学男女ともに8割前後と高く、理科のおもしろさは実験であることがうかがえる。だが実際に「実験器具を使い実験の中心となった」割合は女子より男子が約6割と多い。「実験器具には触れても、実験の中心ではなかった」あるいは「記録」を務める割合は女子に多い。

さらに重要な点は、自らの仮説をもとに実験の計画を立て、実験・観察の結果を整理し考えさせるなどの指導である。この点について、文科省（2012）「全国学力・学習状況調査報告書・集計結果」では、理科の実験・観察に関する質問について「実験や観察を行うことが好き」「自分の予想をもとに観察や実験の計画を立てている」「観察や実験の結果からどのようなことがわかったのか振り返って考える」などに該当する小中学生ほど、理科の平均正答率が高い傾向が示された。

これらの調査結果から、理科の実験や観察が楽しいと感じている児童生徒は多いこと、理科に対する意欲・関心は学力と関係あるが、中学段階で低下し、女子で顕著になること、実験・観察は児童生徒を理科に惹きつける要素であり、理系選択に大きな影響を及ぼすことなどが整理できる。実験・観察への主体的な関わりが科目選好や理系選択の原動力となり得るため、その主導権を男女平等に与え、女子が科学をアイデンティティ構成要素の1つとして取り入れることができるようサポートしなければならない。

文科省（2015）「理工系人材育成戦力」でも「科学技術分野の人材を育成していくためには、初等・中等教育段階からの創造

性・探求心・主体性・チャレンジ精神を育み、高等教育につなげていくこと」を理工系人材育成の重点項目に掲げている。この点について、欧米各国では創造性・起業家精神の涵養までも加味しながら **STEM 教育**[1]や **MINT 教育**[2]を強化している。理数教育の中核的な担い手は教員であるため、これからの授業では児童生徒に疑問を持たせ、自ら考える科学的思考を身につけさせる指導力も求められる。

## （4）ロールモデル効果

　ある科目の成績が大学入学時の学部・学科選択や大卒後のキャリア形成に有用であるならば、その科目が好きか嫌いかという差異は重要な意味を持つ。理数科目のなかでも数学は、大学での専攻分野や職業選択に関わる重要な科目とみなされてきた。教育段階の早い時期における科目の選好は学習意欲や成績に影響し、成績の結果は学歴を通じてキャリア形成につながっていく。その際、科目選好と学習意欲、成績に少なからぬ影響を及ぼすと考えられるのが、教員の性別、つまり、ロールモデルとしての効果であろう。

　これまでの研究では、様々な教育段階における児童・生徒と教員の性別の異同が学業上の成果に何らかの影響を及ぼす、と論じられてきた。なかでも、女子児童・生徒の理数科目の成績に着目した研究が多い。初等・中等教育の場合、女性教員であることが女子児童・生徒の成績にもたらされる効果は一様ではない。たとえば **Ehrenberg et al.**（1995）は、「理数教科を担当する女性教員が女子生徒の成績向上に寄与することはなく、主

観的評価において相対的に高く評価する」と指摘している。また Beilcock et al.（2010）は、「数学に苦手意識をもつ女性が小学校教員となった場合、女子児童の算数の成績にマイナスの影響を及ぼす」と論じている。さらに、Antecol et al.（2012）は「数学を専攻した女性教員は女子生徒の成績にプラス効果をもたらすが、女性教員に理系専攻が少ないことから、マイナス影響を生んでいる可能性」も示唆している。

　一方、高等教育を対象とした研究では、女性教員が女子学生の成績にわずかながらプラスの影響をもたらすことが示されている。Nixon and Robinson（1989）は「理数科目に女性教員が多い高校で教育を受けた女子生徒は、理系学部への進学率が高い」とし、ロールモデル効果を指摘する。また Rothstein（1995）も「大学の女性教員比率が高ければ、女子学生の大学院進学率が上昇する」など、女性教員がもたらすプラスの影響を論じている。さらに Hoffman and Orepoulos（2009）は、大学の女性教員が女子学生の成績を引き上げる一定の効果を見出している。いくつかの研究では高等教育段階における女子学生と女性教員との関係について、成績や理系進路選択にプラスの影響をもたらすことが示されている。

　これらの先行研究を踏まえ、日本における女子児童・生徒の成績に女性教員が与える影響を調査した国立教育政策研究所／松重ら（2014）によれば、女性教員は生徒の成績にプラスの影響を与えるか、あるいは無影響であり、かつプラスの影響は男子よりも女子、国語よりも数学においてより顕著に現れる。初等・中等教育に関する海外の研究とは異なり、高等教育における研究結果に近い。このような性別の異同による効果として、

ロールモデル効果も考えられるとしながらも、それ以上に教育方法や生徒との接し方などの面で男性教員と女性教員との間に何らかの傾向的相違が存在する可能性も否定できない。

　教師の指導力やパーソナリティが児童生徒の教科選好と意欲、成績等に影響することを論じた研究はいくつかある。斉藤・高橋（2005）によれば、「理科離れは、中学校段階から顕著となり、その理由として理科教師の指導力不足や人間的魅力と相俟って理科嫌いとなり、勉強しないという過程を経る」という。

　また、JST（2011）「小学校理科教育実態調査」でも、理科全般の指導に約４割の教員が苦手意識をもち、物理や化学でその割合が高いと報告されている。たとえば、Beilcock et al.（2010）は「初等教育において数学に苦手意識をもつ女性が教員となった場合、女子児童の算数の成績に負の影響を及ぼす」ことを論じており、Antecol et al.（2012）は、「数学を専攻した女性教員は女子生徒の成績にプラス効果をもたらすが、女性教員に理系専攻が少ないことから、マイナス効果を生んでいる可能性もある」と指摘している。

　科学の分野に女性が少ない要因には、女子生徒が理系に進むうえで将来像が描きにくいという問題も含まれる。これに関した調査に、全国の大学・大学院理系学部に在籍する女子学生と理系出身の女性社会人を対象とした日本ロレアル（2014）「理系女子学生の満足度に関する意識調査」がある。それによると、学生の83％、社会人の80％は「女性のロールモデルが少ない」と回答した。理数科教員のアンバランスな男女比は、中等教育以上で顕著になる。中学２年の理科を担当する女性教師の割合をみると、日本は国際平均を大きく下回る（表５－４－１）。中学

2年の数学も、日本における女性教師の割合は低い（表5－4－2）。こうしたロールモデルの少なさは女子児童・生徒にとって理系分野での将来像を描きにくいものにしている。

**表5－4－1　　理科教員の男女比率**

|   |   | 日本 | 韓国 | 米国 | 英国 | ロシア | 国際平均 |
|---|---|---|---|---|---|---|---|
| 小 | 男 | 38 | － | 12 | 30 | 1 | 21 |
| 4 | 女 | 62 | － | 88 | 70 | 99 | 79 |
| 中 | 男 | 84 | 37 | 42 | 45 | 8 | 41 |
| 2 | 女 | 16 | 63 | 58 | 55 | 92 | 59 |

注：「－」は調査に参加していないことを示す（単位：％）出典：国立教育政策研究所（2014）「学力の規定要因分析最終報告書」p.22 より筆者作成。

**表5－4－2　　算数・数学教員の男女比率**

|   |   | 日本 | 韓国 | 米国 | 英国 | ロシア | 国際平均 |
|---|---|---|---|---|---|---|---|
| 小 | 男 | 35 | － | 12 | 31 | 1 | 21 |
| 4 | 女 | 65 | － | 88 | 69 | 99 | 79 |
| 中 | 男 | 57 | 36 | 31 | 48 | 6 | 43 |
| 2 | 女 | 43 | 64 | 69 | 52 | 94 | 57 |

注：「－」は調査に参加していないことを示す（単位：％）。出典：国立教育政策研究所（2014）「学力の規定要因分析最終報告書」pp.23-24 より筆者作成。

　自然科学系のなかでも、農学や保健分野では女子占有率が高い。こうした分野の特徴として、自然や動物、人間との関わり

がある。科学者は 1 人で活動するという主体的な側面が強調されやすいが、研究について他者と議論したり、人々の前でプレゼンをしたりするといった共同的な側面も併せ持つ。女性研究者を増やすための取り組みとしてロールモデルの提示が強調されるが、森永（2017b）は Clark, Fuesting, and Diekman（2016）の報告をもとに、「この共同的な側面を提示することが科学（者）に対する意識や態度をポジティブなものに変えるのではないか」と指摘する。

## ＜注＞

（ 1 ）STEM は Science, Technology, Engineering and Mathematics を総称する語であり、科学・技術・工学・数学の分野を中心に、IT 社会とグローバル社会に適応した人材育成をめざす教育のこと。現在、STEM に Art を加えた STEAM、Robotics を加えた STREAM など、概念が拡大している。

（ 2 ）ドイツでは「理数系教科支援プログラム」（Perspective MINT）により、早い時期から MINT 科目（Mathematics, Informatics, Natural Science, Technology）に親しませることで、将来的に同分野を専攻する女子学生を増やす取り組みである。

# 第❻章

# AI 時代のリケジョ育成と多様性の推進

2020 年度から実施される新学習指導要領では、小学校で**プログラミング教育**(1)、高校ではネットワークやデータベースの仕組みを学ばせるなど、AI 時代に対応する動きがみられる。第 5 期科技計画（2016）でも掲げられているように、Society5.0 をめざすうえで、ビッグデータの解析や IoT システムに関わる人材育成は喫緊の課題であり、イノベーション創出と多様性推進の観点からすれば科学技術分野における女性の参画拡大は欠かせない。最終章では理系女子を増やすための政策や国内外の取り組みについて概観し、問題点と課題を提起する。また、AI×IoT が進む現代を女性活躍のチャンスと捉え、多様性推進の意義とリケジョのキャリア拡大の可能性についても若干触れておきたい。

## 1．女性研究者育成支援の動き

1995 年、日本は科学技術創造立国をめざし、**科学技術基本法**(2)を成立させた。翌年には科学技術振興に向けた第 1 期科技計画が策定され、その後 5 年間隔で見直しが行われている。第 2 期科技計画（2001）では「女性研究者支援」が取り上げ

られ、採用機会の均等と勤務環境の改善等が謳われた。第 3 期科技計画（2006）において女性研究者育成支援は重要な政策に位置づけられる。

　この点に関して、横山ら（2016）は「2005 年の第 2 次参画計画に変化がみられ、女性研究者支援政策が本格化したのはその翌年からである」と指摘する。第 2 次参画計画では新たな取り組みを必要とする分野に科学技術を掲げ「女性研究者の研究継続、採用機会の確保、研究環境の改善、理工系分野への進路選択支援」が謳われた。参画計画で「科学技術分野におけるジェンダー主流化(3)（Gender Mainstreaming）」が明文化されたことは画期的といえる。続く第 3 次参画計画（2010）でも「科学技術・学術分野の男女共同参画推進」が掲げられ、女性リーダーの養成、性別や年齢による差別のない人事運用、ライフイベントに配慮した研究環境の整備、ロールモデルの情報提供、女子児童・生徒への理系進路選択支援と保護者らの理解促進など具体的な取り組みが示された。

　一方、第 3 期科技計画でも女性研究者支援に関する項目が設けられ、数値目標が自然科学系の分野別に明示されるなど大きく変化した。具体的には「女性研究者の活躍促進」として、WLB と意識改革、公正な選考と採用、昇進・昇格、意思決定過程への女性参画、自然科学系分野ごとの女性研究者採用割合に関する数値目標（理学系 20％、工学系 15％、農学系 30％、保健系 30％）が掲げられ、女子児童・生徒の理系分野への興味を喚起するための取り組みとロールモデルの情報提供などが謳われている。第 4 期科技計画（2011）も同じ文脈で謳われたが、これらの数値目標は達成されていない。こう

した状況を打開するため、第5期科技計画（2016）では、科学技術イノベーションを担う多様な人材としての女性活躍促進、公平かつ透明な雇用プロセスの構築、**女性活躍推進法**[4]（2015）の理念を踏まえ、第5期科技計画期間中（2016-20）に目標値を達成させるべく、強いトーンで述べられている。特に、組織のマネジメント層を中心とした意識改革や理工系分野での女性活躍に関する社会一般の理解、女子中高生とその保護者への理系進路に対する興味と理解を深める取り組みが改めて強調された。

## 2．女子中高生の理系進路選択支援プログラム

　科学技術分野における女性の過少代表性は世界的な課題である。後述するが、アメリカでは「科学技術分野における機会均等法」（1980）により、全米科学財団（National Science Foundation：NSF）が女子に対するSTEM領域の教育支援やSTEM領域における女性研究者の参画支援を実施するなど、早くから取り組まれてきた。アメリカの研究者に占める女性の割合は34.3％（2014）だが、日本の16.2％（2018）を大きく上回る。もちろん、日本でも科学技術イノベーションを担う女性の活躍促進として、①女子中高生の理系進路選択支援プログラム、②ダイバーシティ研究環境実現イニシアティブ（研究とライフイベントの両立や女性研究者のリーダー育成）、③特別研究員（RPD）事業（女性研究者の出産・育児による研究中断後の復帰支援）などの取り組みが行われているが、その歴史は浅く、実効性も乏しい。

　日本で女性研究者に対する育成支援が本格化した 2006 年には、第 3 期科技計画が策定され、女性研究者支援モデル育成事業がスタートした。同計画の革新性は、理系分野における女性研究者の採用目標値（理学系 20％、工学系 15％、農学系 30％、医歯薬学系 30％、自然科学系全体で 30％）の提示にある。その後第 3 次参画計画（2010）や第 4 期科技計画（2011）においても女性研究者の採用目標値 30％が示されたが、まだ達成されていない。

　以下では、2009 年より始まった JST の「女子中高生の理系進路選択支援プログラム」について、目的と位置づけ、採択機関の種類、特徴と変化を概説する。さらに、同プログラムイベントに参加した女子生徒へのアンケート結果をもとに、理系に対する意識や態度、キャリア志向にいかなる変化が生じているのか、についても検証する。


## （1）プログラムの目的と位置づけ

　理工系分野の女性研究者を確保するには、科学技術に興味を持つ女子を増やさなければならない。また、進路選択の際には身近な人から影響を受けやすいため、本人だけでなく、保護者や教員らの理解促進にも努める必要がある。そこで JST では、当該事業の目的を「文理選択に迷う女子中高生に対して、理系分野への興味を喚起しその進学を促す」としている。

　これについては第 5 期科技計画（2016）のなかで、「女子が科学技術イノベーションに関連して活躍できるよう、女子中高生とその保護者への科学技術に対する興味や理解を深めるた

めの取り組み」、第4次参画計画（2015）でも「研究職・技術職に進む女子を増やすべく、女子中高生とその保護者、教員らに科学技術分野へ女子が進学することの理解を促進させる全国的な取り組み」として位置づけられている。さらに、女性活躍加速のための重点方針（2017）においても、「理工系をはじめとする科学技術・学術分野での女性人材の裾野拡大に向けた取り組みの強化」が求められている。

　これらに共通するのは、科学技術イノベーションの創出を担う女性人材の裾野拡大として女子中高生を理工系分野へ取り込むことである。そこには、多様な視点や優れた発想を取り入れて科学技術イノベーションを活性化させるには、女性研究者の活躍が欠かせないという認識がある。その具体的な取り組みとは、大学や研究機関、学術団体、企業等が女子生徒や保護者、教員を対象に、仕事体感イベントやシンポジウム、出前授業等により理工系分野の学習と具体的な職業を関連付けた学習機会を提供するというものである。つまり、理工系選択のメリットに関する意識啓発、理工系分野の仕事内容や働き方、理工系出身者のキャリアに関する情報提供、およびロールモデルの提示がメインとなっている。（科学技術振興機構「平成30年度女子中高生の理系進路支援プログラム企画提案募集要項」）

　以上のような取り組みの背景には、①女性が科学技術分野に進むうえで将来像を描きにくいこと、②自然科学系の学部・大学院に占める女性の割合が、人文・社会科学系に比べて低いこと、③多様な視点や優れた発想を取り入れ科学技術イノベーションを活性化させるためには、女性の活躍が不可欠、といった認識がある。

## （2）プログラムの採択機関、特徴と変化

　採択機関を種類別にみると、短大や高専等を含む大学が圧倒的に多い（表6－1）。民間企業、科学館・博物館、NPOなどの採択はほとんどみられず、高等教育機関に偏っている。

**表6－1　JSTプログラム採択機関の種類**

|  | 大学（短大、高専等を含む） | 独立行政法人、公設研究機関 | 科学館、博物館 | NPO等の各種法人、 | 民間企業 |
|---|---|---|---|---|---|
| 2017 | 5 | 0 | 0 | 0 | 0 |
| 2016 | 9 | 1 | 0 | 0 | 0 |
| 2015 | 8 | 1 | 0 | 0 | 0 |
| 2014 | 8 | 1 | 0 | 0 | 0 |
| 2013 | 9 | 1 | 0 | 0 | 0 |
| 2012 | 8 | 1 | 0 | 0 | 0 |
| 2011 | 7 | 0 | 1 | 0 | 0 |
| 2010 | 5 | 1 | 0 | 0 | 0 |
| 2009 | 10 | 1 | 1 | 1 | 0 |

出典：科学技術振興機構「女子中高生の理系進路選択支援プログラム」より筆者作成。

　科学技術分野で働く女性研究者・技術者の多くは民間企業であることから、今後は現場の実情や実体験、ライフイベントとの両立に取り組む成功事例などを提示しなければ十分な効果

は期待できない。また大学のみでなく、民間企業や他の研究機関、NPO との連携・協力を重視しながら採択機関のバランスを考慮していくことも必要であろう。女子の理系に対する興味を喚起し、キャリア志向につなげるためには、採択機関の種類とバランス、とりわけ民間企業と大学の連携による積極的な取り組みが、理系を志す女子の将来像を描きやすくし、進路選択にプラスの影響をもたらすのではないだろうか。

　まず、プログラムの特徴を要約すると、①事業運営の基盤 構築、②文理選択に迷う生徒の興味を喚起、③保護者・教員等へのアプローチ、の3点である。①は産学官連携により女性の活躍に関する社会全体の理解を促進し、多様なロールモデルを提示する、②はシンポジウムや実験、積極的な学校訪問によるワークショップの実施、理系の進路選択に関心が薄い層や文理選択に迷う層に対する興味の喚起、幅広い視点からの進路選択を促す、③は保護者や教員対象の出前講座やシンポジウムを実施し、興味・関心の早期定着を図ることである。

　そして、プログラムに変化が生じるのは 2016 年以降である（表6-2）。それ以前は女子中高生のみを対象に、大学でのシンポジウムや実験が開催されていたが、最近は保護者や教員、さらに保護者同伴を条件に小学5年以上の女子児童も含まれるようになった。内容もこれまでのシンポジウムや実験に加え、出前講座、理系キャリア相談会等が実施されている。こうした変化は身近な人々の意識改革を促し、子どもの性別で異なる親や教師の教育期待や、「女子は理系に不向き」とする先入観・偏見の払拭につながるかもしれない。

**表 6 − 2**　プログラムの特徴と変化

| | 2015 年度以前 | 2016 年度以降 |
|---|---|---|
| 支援先 | A タイプ（8 機関）<br>B タイプ（1 機関） | 大学等を含む連携機関（10 拠点） |
| 予　算 | A タイプ（150 万円×8 機関）<br>B タイプ（300 万円×1 機関）<br>※単年度予算 | 300 万円<br>※複数年度予算（2 年）<br>※2017 年度より 450 万円 |
| 内　容 | シンポジウム、実験など | シンポジウム、実験、出前講座、理系キャリア相談会など |
| 対　象 | 女子中高生 | 女子中高生、保護者、教員、小 5 以上（※保護者同伴であること） |

出典：文科省（2016）「科学技術イノベーション人材の育成施策について」p.5 より筆者作成。

## （3）プログラムの成果と課題

　上記のような JST のプログラムを通して、女子児童・生徒の理系に対する意識やキャリア志向にいかなる変化がみられるだろうか。ここでは、2009〜17 年までのプログラムイベントに参加した女子児童・生徒へのアンケート結果をもとに、理数科目・理系分野に対する意識や態度の変化、さらにプログラムの問題点について捉えることにしたい。

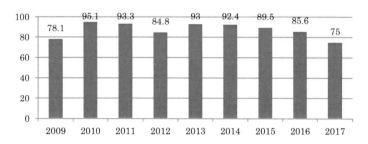

**図6−1−1** 科学技術や理数科目に対する学習意欲は高まった

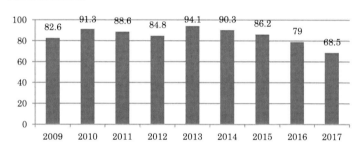

**図6−1−2** 理系進路を前向きに選択しようと思うようになった

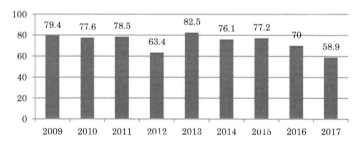

**図6−1−3** 科学技術に関する職業に就きたいと思うようになった

注：「そう思う」「どちらかといえばそう思う」を合わせた数値（単位：%）

出典：女子中高生の理系進路選択支援事業アンケート結果より筆者作成。

　イベントに参加した生徒への質問項目には、「Q.参加した取り組みは面白かったか」「Q.参加した取り組みの内容は理解できたか」「Q.科学技術や理数科目に対する学習意欲は高まったか」「Q.取り組みは進路選択の参考になったか」「Q.理系進路を前向きに選択しようと思うようになったか」「Q.将来、科学技術に関する職業に就きたいと思うようになったか」がある。このうち、理数科目・理系分野についての意識に関する質問の結果をまとめると、図6－1－1、1－2，1－3のようになる。これらの結果をみるかぎり、同プログラムが理系女子の裾野拡大につながるといった成果は観取されない。理工系関連の学部・学科に占める女子の占有率は相変わらず伸び悩んでいる。

　そもそも同プログラムの問題は特定の女子に限られている点にある。すべての女子を対象とした実効性ある取り組みでなければ、「女子の理科離れ」を抑制することはできず、理系への進学やキャリア志向につながらない。この点について、中澤（2008）は「日本では介入プログラムの取り組みが弱く、すべての女子の科学的リテラシーや関心の向上という観点と諸実践が必要である」と主張する。

　たしかに、JSTのプログラムは理系女子の裾野拡大として期待されるところだが、その多くは課外での自由参加型イベントとして開催されるにとどまる。この点に関連して、稲田（2014）は「小中学校の時点で理数科への興味・関心を失った多数の女子を引き付ける取り組みとはなりにくい」と指摘する。同プログラムに限らない。次代のイノベーションを担う人材育成として進められている「ジュニアドクター育成塾」(5)「スーパーサイエンス・ハイスクール（SSH）支援事業」(6)にしても、その

主たる対象は理系分野に突出した能力を持つ小中学生であり、先進的な理数教育を実施する高等学校に限られている。

　つまり、女性研究者の裾野拡大を図るうえで重要な点は、早期の教育段階から理系分野への関心をいかに高めるか、また文理選択に迷う女子児童・生徒に対し、どのような方法で理系への興味を喚起させるか、さらに小中学校の段階で、すでに理数科目への興味を失った大多数の女子を理系へ惹きつけるための有効な取り組みではないだろうか。理数科目に関心を持つ女子児童・生徒や理系進学を志す女子を主たる対象とするのではなく、すでに理系への関心を失った女子児童・生徒を引き込む工夫や改善がなければ、その実効性は期待できない。

## 3. STEM 教育の推進と女子のエンパワーメント

　2020 年度から順次実施される新学習指導要領では、小学校でプログラミング教育、高校ではプログラミングに加え、ネットワーク、データベースの仕組みを学ばせるなど、AI 時代に対応する動きがみられる。AI×IoT の進化が加速するなかで、次世代に求められるのは STEM 教育に他ならない。

　Society5.0 への移行をめざすうえで、ビッグデータの解析や AI 技術、IoT システム等に関わる人材育成は喫緊の課題であり、とりわけ女性研究者の育成支援は「質」「量」の双方から取り組まなければならない。科学技術分野への女性参画は時代の要請であり、イノベーションの創出と多様性推進の観点からも重要である。なぜなら、科学技術イノベーションの成果である製品やサービスを使用または消費するユーザーの半数は女性であ

り、女性の視点を取り入れることは持続可能な共生社会の実現
にとって欠かせないからである。

　以下では、OECD 加盟国の女子に対する STEM 教育への取
り組みについて概観しておきたい。

## （1）OECD 加盟国の状況

### アメリカ

　科学技術分野における機会均等法（1980）により、全米科学
財団（National Science Foundation：NSF）が女子に対する
STEM 教育支援や STEM 領域における女性研究者の参画支援
を実施している。連邦政府の女子に対する STEM 教育への関与
は、人種や障害、マイノリティに対する格差是正の文脈で実施
されており、「STEM 教育 5 か年計画」（2013）では工学や情報
科学など、女性が少ない分野で女性の割合を顕著に拡大させる
目標が掲げられた。

　また、ホワイトハウスの Web サイトでは女性の科学者やエ
ンジニアが紹介され、NASA、エネルギー省傘下研究所の科学
者らが、ロールモデルとして女子生徒と触れ合う機会を設ける
などの活動を実施している。

　さらに NSF は、女子生徒と STEM 教育に焦点を当てた研究
プログラム（女性・女子プログラム、STEM 領域におけるジェ
ンダー多様性のためのプログラム等）に資金配分してきた。大
統領府の国家科学技術審議会に設置された STEM 教育委員会
（Committee on STEM Education：CoSTEM）は連邦省庁の

STEM 教育プログラムに関する調整と戦略策定を担っており、大統領府女性・女子審議会ではマイノリティ女性の STEM 教育及び STEM キャリアについての提言活動を行っている。

## イギリス

　理工系分野での女性活躍に関する政策はないが、科学技術工学ネットワーク（Science, Technology, Engineering and Mathematics Network：STEMNET）など、教育関係の民間非営利組織が実施する女性研究者支援活動や STEM 教育支援の取り組みを政府が資金提供を通じて支援している。英国物理学会と科学学習ネットワーク（Science Learning Network）が共同で、物理学の教師と生徒を支援するネットワーク（物理学ネットワーク刺激プログラム）を教育省の資金で運営している。特に「ジェンダー・バランス改善プロジェクト」では 20 の学校と連携し、16 歳以上の女子生徒の物理取得の増加を図っている。また、政府支援の下、上級レベルの物理学と数学の取得率を女子生徒の間で顕著に増加させるためのユアライフキャンペーンを実施している。オンライン上の活動だが、数学や物理を学ぶことでキャリア選択の幅が拡大することを伝えている。

## ドイツ

　連邦教育研究省が教育・研究における機会均等局を設置し、ドイツの研究機関における機会均等を促進するためのプログラムをファンドしている。各州政府において科学・研究省内に

男女平等に責任をもつ部局を有し、男女平等やジェンダー研究プログラムのための特別なファンドを割り当てている。女子生徒の理工系分野進路選択及び理工系人材育成については、連邦政府と州政府の高等教育法、連邦と州政府により締結された「教育の質向上のための協定」（2010）に記載されている。

　また、理系分野の女性活躍推進に関わるものには、STEMキャリアにおける女性の国内協約（the National Pact for Women in STEM Careers）、ドイツ研究振興協会の「男女平等に関する研究指向の標準（Research-oriented standards on gender equality）」（2008）がある。2008年に連邦教育研究省の主導により、若年女性の科学技術における学位コースへの関心を高め、大卒女子を産業界のキャリアに引き付ける取り組み（Go MINT）が行われ、1000件以上のプロジェクトがある。

　たとえば、Niedersachsent Technikumでは6か月のテクニカルコースにより、若年女性はMINT分野で実践的経験を得るための大学入学資格が与えられる。選択した大学でコースを履修し、民間企業への就職斡旋、MINTキャリアへのドアが開かれている。高卒女子には、STEM研究分野へのポテンシャルを評価する機会を提供している（taste MINT）。また、STEMキャリアで働いている女性メンターが、STEMのトピックに関する女子生徒の質問にメールで答えている（Cyber Mentor）。

## ノルウェー

　工学や看護学など男女比率がアンバランスな一部の学科入試に限り、受験生の点数に1～2点を加える制度（ジェンダー・

ポイント）がある。これは「高等教育機関への入学に関する政
府規制」を根拠とするものであり、大学からの申請に基づき、
教育研究省がジェンダー・ポイントを判断する。

　また「女子と技術プロジェクト（Girls and Technology)」で
は、女子中高生が University of Agder で技術教育を受講し、
ロールモデルとの出会いを促している。この大学への女子進学
率は 4 年間で 45 人から 114 人に増加し、教育研究省は女性が
少ない分野（数学、自然科学、技術系）において、パーマネン
トのポジションに女性を任命した大学やカレッジに資金を配
分している（教員任命のインセンティブ・スキーム）。


## 韓国

　1995 年の女性発展基本法（2014 年に両性平等基本法に改
正）をはじめ、科学技術分野における女性の活躍を推進する
ための法整備が進められてきた。なかでも、科学技術基本法
（2001）では女性科学者の養成が謳われ、翌年には女性科学
技術人材育成及び支援法が成立、2004 年の科学技術基本計画
においても女性科学者の育成支援が強調されている。

　また、STEM 教育としてではなく、WISET（女性科学技術
人支援センター）主導のプログラムが実施されている。その
うち SET（Science, Engineering, and Technology）専攻促進
プログラムは 10 代向けにメンタリングや体験学習が含まれ、
16 大学と連携しながら各地の高校で理科実験を行っている。
生徒が研究機関のラボを訪ねて実験を体験するプログラムも
ある。科学者、大学教員としてのキャリアについて現役の女

性研究者が話すことにより、ロールモデルの提示にもなっている。また専攻した理工系分野を就職につなげられるようにするため、女子学生の STEM 専攻継続支援プログラムや学位取得のサポートプログラムなどがある。

## （2）科学におけるジェンダード・イノベーション

　科学とジェンダーについての問題は、永らく女性研究者に対する差別問題として認識されてきた。その後欧米を中心に、女性研究者の量的拡大が図られ、制度や組織の改革を通じて職業におけるジェンダー平等が進められてきた。その背景には国際女性年とその後に続く国連女性の 10 年、世界女性会議などのグローバルな動きがある。そして近年、科学とジェンダーは新たな段階に入った。すなわち「**ジェンダード・イノベーション**」（Gendered Innovations in Science、以下 GIS）である。

　この GIS は、スタンフォード大学のロンダ・シービンガー（Schiebinger.L）教授が世界で初めて提唱した概念であるが、その基本的考え方は「男女の性差に配慮した研究開発をすることで、すべての人々に適した真のイノベーションを生み出す」というものである。彼女の業績は EU の「女性と科学」政策に多大な影響を及ぼし、2011 年の**ジェンダー・サミット**（Gender Summit、以下 GS）発足へとつながった。現在、世界各地で展開されている GS は 2009 年にスタンフォード大学で始まったジェンダード・イノベーション・プロジェクト（Gendered Innovations Project、以下 GIP）に基づいている。すべての人に適した真のイノベーションを生み出すには、男女の性差を考

慮し、有用な男女差分析の方法を研究開発の場に提供していかなければならない。それは GIP の目標でもあり、シービンガーが提唱する考え方に他ならない。

　では、研究開発にとってジェンダーはどのような意味を持ち、いかなる影響をもたらすのだろうか。

　創薬や商品開発の研究では、これまで男性を基準としてきた歴史があり、様々な問題が浮上してきている。たとえば、創薬の動物実験でオスが使われた結果、男性には効果があっても、女性には効果が低く、副作用が出やすい薬剤が開発されることがある。また、シートベルトの設計も成人男性の体型を前提に開発された結果、女性の方が交通事故で重篤な負傷を負いやすい。大腸内視鏡検査も男性の体を対象に設計されたため、女性の大腸がんの発見率が低いといわれる。女性だけの不利益にとどまらない。骨粗鬆症の診断方法は女性を対象に確立されたことから、骨の変形が女性と異なる男性患者の発見や治療が遅れる場合もある。

　これらのケースは一例にすぎず、研究開発におけるジェンダー配慮の欠如が個人のリスクを高め、莫大な研究開発費が無駄になるなど、社会的損失をもたらす事例が近年次々と明らかになってきている。つまり、ジェンダーは女性だけでなく、男女双方の問題として取り組まなければならない。男女の性差を考慮して、研究開発を進めることにより、すべての人に適した真のイノベーションが生まれてくるにちがいない。

　また、近年における学術研究の動きについても、時代と共に学際化が加速している点に留意すべきであろう。たとえば、医学と工学を融合した生体医工学（Biomedical Engineering）が

重視され、動植物や自然現象からヒントを得て工学に活かしたり、義足や義手の研究開発、センサーを内蔵した衣服、介護ロボット、外科手術支援ロボットの開発など、工学的技術を生体に適用する手法も急速に進んでいる。つまり、医学・生物学と工学を切り離すことはできない。しかしながら、研究者の大半が男性であるため、研究開発現場では生物特有の性差が十分に考慮されていないのが現状である。

### コラム❼　GS10（東京）のテーマとは？

2011 年より GS は世界各地で開催されている。2017 年のGS10 は東京で開催され、主要セッションでは、①ジェンダーの歴史と未来、②アジアにおける深刻な問題への女性の貢献、③ジェンダーに基づくイノベーション、④科学技術の社会的責任について議論された。またパラレルセッションでは、①女性参画拡大により期待されるイノベーション上の利点の明確化、②ダイバーシティ推進に係る評価手法の提示、③スポーツにおける身体とジェンダー・サイエンスの推進、④中等教育における女子学生の文理選択の健全化、⑤男女共同参画推進のための研究者情報の整備と活用、⑥男性・男子にとってのジェンダー平等、などをテーマに話し合われた。

こうしたことから、性差に配慮した研究開発の重要性が指摘され、GIS が世界的に受け入れられるようになってきた。つまり、GS の目的と特徴は、男女の性差を科学技術の重要なファクターと捉え、ジェンダーの視点に立つイノベーションによっ

て様々な問題解決を図ることである。単なる問題提起にとどまらず、「エビデンス→コンセンサス→アクション」の流れで具体的な行動を起こすことが重視されている。

　AI、IoT、ロボット、再生医療、脳科学といった人間の生活のみならず、人間の在り方そのものにも大きな影響を与える新たな科学技術の進展に伴い、科学技術と社会の関係を再考することが求められている。そして、これから日本が持続的に発展していくには柔軟に対応できる基盤的な力が必要であり、そのためには科学技術イノベーションの根幹を担う人材、つまり基盤的な力の強化が欠かせない。特に科学技術における女性の参画拡大は多様性とイノベーションの創出につながり、新たな価値を生む。GISの考え方が世界的に広く受容されてきているのも、そうした理由によるのかもしれない。しかしながら、すでに述べたように、日本の大学・大学院で理系分野を専攻する女子の割合はOECD加盟国のなかで最も低い。

　超スマート社会（society5.0）を構築するうえでの基幹となる領域はSTEMであり、なかでも自然科学・数学・統計学はAIやIoTなど、ICT（情報通信技術）分野において益々重要となる。グローバル化やイノベーションが益々加速するなかで成長戦略を考えるなら、人材育成は優先課題といわねばならない。だが、これらの分野における女子学生の割合は「工学・製造・建築」13％（OECD平均24％）、「自然科学・数学・統計学」25％（同50％）、「ICT」21％（同19％）であり、ICTを除くと低い。こうした状況についてOECDは「日本は女子をSTEM領域に進学させるための積極的な措置を講じるべき」と提言している。

## （3）多様性の推進とリケジョの活躍に向けて

　2020 年度から順次実施される新学習指導要領では、小学校でプログラミング教育、高校ではプログラミングに加え、ネットワーク、データベースの仕組みを学ばせるなど、AI 時代に対応する動きがみられる。AI 時代の到来によって何が重視されるかといえば、STEM 教育に他ならない。Society5.0 への移行をめざすうえで STEM は基幹領域であり、ビッグデータの解析や AI 技術、IoT システム等に関わる人材育成が大きな課題となる。人口減少による人材不足が深刻化するなか、科学技術分野への女性参画（リケジョの拡大）は時代の要請ともいえよう。

　ところで、イノベーションの土壌はなにか。それは「多様性」に他ならない。一般に「ダイバーシティ」（diversity）の訳語として知られるが、その考え方は「個人の持つあらゆる属性の次元」とされ、「多様な人々が共生できる社会を創造する」という理念を表す言葉として捉えられる。谷口（2008）によれば、「ダイバーシティの次元は表層的レベルと深層的レベルに大別され、前者は性別、年齢、人種など識別可能な属性であり、後者はパーソナリティ、趣味、職歴、価値観など、判断しにくい内面的属性である」と見做されている。

　世界的に多様性が注目されるようになったのは 2000 年以降であり、その背景にはグローバル化への対応とイノベーションを生み出す組織改革・環境づくりの重要性が指摘される。日本でも少子化による労働力人口の減少が懸念されるなか、女性の参画をめざす取り組みが始まり、女性の活躍が多様性の試金石となっているかのようである。あらゆる分野への男女共同参画

（特に女性の参画）推進は多様性のイントロダクションと位置づけられるが、「多様性推進＝女性の活躍」と捉えてしまうと、多様性の本質を見誤ることになりかねない。そうはいっても、参画基本法が施行され、その道筋を示す参画計画の策定など、日本における多様性の取り組みは女性の活躍推進を中心に進められてきた。いわゆる「2020年30％目標」（管理職等の政策方針決定過程における女性の割合を 2020年までに少なくとも30％引き上げること）もそうした考えに基づいている。自然科学系全体においても研究者の採用に占める女性の割合を 2020年までに 30％に引き上げる（理学20％、工学15％、農学30％、医歯薬学30％）成果目標が掲げられているが、現状は程遠い。

多様性とイノベーションの関係は多くの報告書でも指摘されてきた。コロンビア大学のデヴィッド・スターク（Stark.D）教授は、イノベーションを創出する組織の条件として、2 つの要素（深い関係性、高い多様性）を指摘し、「多様な属性をもつ人々が引き起こす創造的な不協和音が新たなイノベーションを生み出す」と説いている（2011）。つまり多様性に富んだ組織ほど環境の変化に対応しつつ、様々な課題の解決を見出すチャンスを得ることができる。イノベーションの視点からみれば、女性の活躍は必然といえよう。

女性活躍推進の効果に関する経産省の報告書（2012）によれば、過去 5 年間において、女性管理職が増加した企業は経常利益も高くなり、女性管理職の増加と経常利益の上昇には正の相関関係がみられる。また、世界経済フォーラム『The Global Gender Gap Report』（2010）でも、114 か国の研究の結果「ジェンダー平等が広く浸透している国ほど経済は競争力があり、

成長速度も速い」ことが検証された。これは経済分野に限ったことではない。科学技術・学術分野におけるジェンダー・バランスの確保も、多様な視点や発想を取り入れた研究の活性化につながるはずである。これまでダイバーシティはビジネス分野を中心に重視されてきたが、科学技術・学術分野の多様性もイノベーション創出の点から積極的に進めなければならない。

## コラム❽　キャリアを広げるリケジョたち

　最近は、理工系出身であっても大学や企業の研究者、中学や高校の理数科教師という定番コースをたどるとは限らなくなってきている。マイナビ調査（2018）によれば、大企業志向は理系女子（47.5％）よりも理系男子（61.9％）にみられ、理系女子は理系の素養を柔軟に捉えて多彩なキャリアを広げつつある。たとえば、都内の国立大学で微生物の進化を研究した女性Tさん（46）は、製薬会社で新薬の副作用や安全性をチェックする開発職に就くが、その後、ソルトコーディネーターの資格を取得し、都内に塩の専門店をオープンした。また、地方の国立大学で物理学を専攻した女性Kさん（48）は、電磁気学を応用した芸術家として活動している。電磁石の力を用いて磁性流体という磁石の性質をもった液体が生きているように形を変える芸術作品を手掛けているという。理系女子のキャリアは専門性を活かしながら多方面に広がっている。Society5.0の実現に向けて、AI×IoTの進化は加速化している。新たな時代を迎えて、リケジョが活躍するチャンスは広がりつつあるのかもしれない。

これまで活躍する機会を十分得られなかった女性が、科学技術分野へ参画することは、イノベーションの可能性を広げる。しかし、ジェンダー平等は女性研究者の量的拡大にとどまらない。公正で自由な教育・研究環境の醸成、つまり学術研究の環境・組織をより生産的なものに変えるという本質を見失ってはならない。特に STEM 領域における女性研究者育成支援が国際的な課題となっている今日、学術分野に横たわるジェンダー・バイアスからの解放と女性研究者の活動をサポートするような組織風土に変えることが大切である。多様性を確保しつつ、リケジョ育成という課題を加味すれば、女性研究者の量的拡大はもはや努力目標ではなく、must 戦略であらねばならない。

　繰り返すが「数」だけが問題ではない。男性を含む生活の見直しや研究環境の改善、WLB の確保なしに「数」だけ増やしても無意味である。ジェンダー・バランスに配慮し、研究環境の「質」の改善と女性研究者のエンパワーメントを図ることが、科学技術・学術分野の多様性と男女共同参画につながる。多様性とジェンダー平等の推進は科学技術の「質」の問題とも深く関わるため、WLB の確保と男性を含めた意識改革、ロールモデルの拡大、女子への理系進路選択支援、ジェンダー・バイアスの払拭など、多様性推進に向けた研究環境と組織風土の再構築をいかに進めるかが鍵となる。

　とりわけ、STEM 領域におけるジェンダー視点の導入は、多様性に配慮した研究活動に不可欠であり、先述した OECD 諸国の STEM 教育と女子生徒へのアプローチは、日本の科学技術における多様性とジェンダー平等を推進するうえで多くの示唆に富む。今後、学校教育を通して取り組むべき課題は

大きく2つある。1つは小・中・高を通して科学技術に興味を持つ女子を増やすこと、2つ目は進路選択時に身近な人からの影響を受けやすいことから、女子本人だけでなく、保護者や教員らの理解促進に努めることである。

その際「理工系は男性中心の世界」といった先入観や固定的な性別役割意識の払拭がポイントとなる。また、理工系には様々なキャリアパスがあることを周知させ、大学と企業、NPO、その他関連機関との連携を図りながら実験教室や出前授業、インターンシップ等の実体験を伴う理解を促すことも今後の課題といえる。併せて、理数教育のなかで科学技術の魅力を伝えられる教員の養成や、女子児童・生徒のロールモデルとなり得る理数科担当の女性教員養成と採用拡大を期待したい。その他、経済的に困難な女子学生に対する奨学金制度の拡充、理系選択のメリットに関する情報発信、科学技術の成果がどのように社会と結びつき、私たちの生活に貢献しているかを伝えるなど、科学技術を身近なものとして理解させる取り組みが求められよう。

AI×IoTによる第4次産業革命期に入り、STEM領域における女性研究者育成支援は新たなイノベーションを創出し、延いては科学技術分野の多様性とジェンダー・バイアスの払拭につながる。人口減少が加速するなか、女性研究者の活躍は持続可能な共生社会を構築するための必要条件であり、新たな価値を生む。それにはジェンダー平等が科学技術・学術分野において本質的なものと位置づけられなければならず、そうしたベクトルで進んでいけば、日本の科学技術はより豊かな創造の土壌を構築するに違いない。

<注>

（１）コンピュータに動きを指示するために使われるプログラムを学ぶ教育。ただ単に技術を学ぶだけでなく、自分が求めることを実現するために必要な動作や記号を考え、組み合わせながら、論理的なプログラミング的思考を育む。

（２）科学技術政策に関する法律であり、科学技術創造立国をめざす日本が、科学技術の振興を推進していくうえでのバックボーンとなる。

（３）政策決定過程やあらゆるレベルの政策及びシステムをジェンダー平等にするための政策理念。第４回国連世界女性会議で採択された「北京宣言」でこの概念が明記された。日本では内閣府男女共同参画局を中心にジェンダー主流化が取り組まれている。

（４）正式名称は「女性の職業生活における活躍の推進に関する法律」。女性が個性と能力を十分発揮できる社会の実現に向けて、国や自治体、民間事業主の責務が定められている。2019年５月の一部改正により、一般事業主行動計画（女性活躍に関する行動計画）の策定義務がこれまでの常勤労働者301人以上から101人以上の事業主に拡大し、女性活躍に関する情報公表の強化なども新たに規定された。

（５）科学技術イノベーションを牽引する傑出した人材育成に向けて、大学等が特別な教育プログラムを提供することにより、理数・情報分野の学習に高い意欲や突出した能力を有する全国の小学５・６年生及び中学生を対象に実施される。

（６）文科省は将来の国際的な科学技術関係人材を育成するため、先進的な理数教育を実施する高等学校等を「スーパーサイエンス・ハイスクール」と指定し、学習指導要領によらないカリキュラムの開発・実践や課題研究の推進、観察・実験を通じた体験的・問題解決的な学習を平成14年度より支援している。

# あとがき

　本書は 2017 年から構想され、2020 年春に出版の運びとなった。構想のきっかけは、両執筆者ともに東京都特別区の男女共同参画委員を務めた経験と、「ジェンダー」を研究テーマとして共有する立場から意気投合したことにある。AI 技術が加速し、超スマート社会（society5.0）を迎えようとしている今、新たな時代の中核を担う次世代に対し、ジェンダー平等と多様性、共生の視点を伝えたいという思いを込めて、共同執筆するに至った。執筆者各々の専門領域である発達心理学と教育社会学から「性差と育児」「科学と女性」を取り上げたが、執筆の過程では概念及び用語等の記載に関する擦り合わせを行い、注釈を入れることで一般読者も理解しやすいように工夫している。

　取り上げた 2 つのテーマ（「性差と育児」「科学と女性」）は、男女共同参画社会を実現するうえで欠かせない。なぜなら、SDGs の理念でもある「多様性」と「包摂性」と深く関わるからだ。しかし、少子高齢化や生産年齢人口の減少が社会問題となっているなかで、性差ははっきりした形で表れている。今から 30 年以上前に男女雇用機会均等法が制定され、女性差別撤廃条約が批准されたが、性別役割分業や性別に基づくキャリア形成は根強い。未曽有の少子高齢化による人口減少時代を迎えているなかで、性差・性別によるマンパワー育成や人事雇用はそうした社会の状況に適っていない。介護・保育等の福祉分野における労働力不足の問題は、人々の生活のなかで差し迫る事態となっている。

　たとえば「育児」について、その大変さを口にもできなかっ

た 1960 年代と違い、2000 年代に入ってからは SNS 等の情報ネットワークを通じて大多数の人々に共有されるようになった。「ワンオペ育児」を解消するための様々な動きがみられるようになり、自治体による父親向けの育児教室や、子育て支援活動等が草の根運動的に広がりをみせていく。人々の意識は「母親が子育てを担う」というものから、「夫婦の子育てを地域全体で支援する」というものへ変わりつつある。情報ネットワークを基盤とした共有の輪が広がることによって、社会のなかの育児の形が徐々に変化し、子育て世代にある男女の心理的変化を促したといえる。そのような育児形態の変化や心理的変化は、社会全体の性役割の意識をも変化させ、親世代の性差の捉え方が変化することは子ども世代にも影響を与えるにちがいない。性差の捉え方の変化は人々の日常生活のなかで浸透しつつある。一方、超スマート社会に向けた政策にも男女共同参画の理念が掲げられており、意識変化はトップダウンの側からも進められつつある。日本におけるジェンダー平等は新たな時代のなかで大きな転換期を迎えており、今後は人々のジェンダー意識がリベラルなものへ変化していくことを期待したい。

　最後に、本書を手に取ってくださった皆様に心より感謝を申し上げたい。筆者らの専門分野から興味のままに掘り下げた内容ゆえ、その見方が一面的になっていることは否めない。せめて若い方々がジェンダーについて考える小さなきっかけとなることを願いつつ筆をおきたい。

2020 年 3 月　　　　　　　　　　　著者を代表して　村上　涼

# ジェンダー関連年表（1975-2018）

| | 世　界 | 日　本 |
|---|---|---|
| 1975 | 国際女性年：第1回世界女性会議：世界行動計画 | 婦人問題企画推進本部設置 |
| 1976 | 国連女性の10年（〜85） | |
| 1977 | | 国内行動計画策定 |
| 1979 | 女性差別撤廃条約採択 | |
| 1980 | 第2回世界女性会議：後半期行動プログラム採択 | 女性差別撤廃条約署名 |
| 1981 | ILO第156号条約採択 | 国内行動計画後期重点目標 |
| 1985 | 第3回世界女性会議：ナイロビ将来戦略採択 | 女性差別撤廃条約批准／男女雇用機会均等法公布 |
| 1986 | | 婦人問題企画推進本部拡充 |
| 1987 | | 新国内行動計画策定 |
| 1990 | CSW拡大会期：ナイロビ将来戦略勧告採択 | |
| 1991 | | 育児休業法公布 |
| 1993 | 世界人権会議：ウィーン宣言および行動計画採択 | 中学校：家庭科の男女共修 |
| 1994 | 国際人口開発会議（カイロ）：ICPD行動計画採択 | 高等学校：家庭科の男女共修／男女共同参画推進本部設置 |
| 1995 | 第4回世界女性会議（北京）：北京宣言・行動綱領採択 | ILO第156号条約批准／育児・介護休業法公布 |

| | 世 界 | 日 本 |
|---|---|---|
| 1996 | | 男女共同参画 2000 年プラン |
| 1997 | | 男女雇用機会均等法改正 |
| 1998 | APEC 女性問題担当大臣会合① | |
| 1999 | | 男女共同参画社会基本法施行 |
| 2000 | 国連女性 2000 年会議／ミレニアムサミット：ミレニアム開発目標（MDGs）採択（ジェンダー平等と女性の地位向上） | 男女共同参画基本計画①策定 |
| 2001 | | 男女共同参画局設置<br>DV 防止法施行 |
| 2002 | APEC 女性問題担当大臣会合② | |
| 2003 | APEC 男女共同参画担当者ネットワーク会合① | 次世代育成支援対策推進法／少子化社会対策基本法施行 |
| 2004 | APEC 男女共同参画担当者ネットワーク会合② | 育児・介護休業法／DV 防止法改正 |
| 2005 | 国連「北京＋10」閣僚級会合／APEC 男女共同参画担当者ネットワーク会合③ | 男女共同参画基本計画②策定 |
| 2006 | APEC 男女共同参画担当者ネットワーク会合④ | 国の審議会等における女性委員の登用促進について決定／男女雇用機会均等法改正 |
| 2007 | APEC 男女共同参画担当者ネットワーク会合⑤ | ワーク・ライフ・バランス憲章策定／DV 防止法改正 |

| | 世　界 | 日　本 |
|---|---|---|
| 2008 | APEC男女共同参画担当者ネットワーク会合⑥ | 女性参画加速プログラム／次世代育成支援対策推進法改正 |
| 2009 | APEC男女共同参画担当者ネットワーク会合⑦／女性に関するASEAN＋3委員会（ACW＋3）会合① | 育児・介護休業法改正／DV相談ナビ開設 |
| 2010 | 国連「北京＋15」記念会合／APEC女性リーダーズネットワーク会合／APEC男女共同参画担当者ネットワーク会合⑧／女性に関するASEAN＋3委員会（ACW＋3）会合② | 男女共同参画基本計画③策定／ワーク・ライフ・バランス憲章改定／男女共同参画担当者ネットワーク会合 |
| 2011 | UN Women 正式発足／女性に関するASEAN＋3委員会（ACW＋3）会合③ | |
| 2012 | CSW年次会合「自然災害におけるジェンダー平等と女性のエンパワーメント決議案」採択／女性に関するASEAN＋3委員会（ACW＋3）会合④ | 女性の活躍促進による経済活性化行動計画策定 |
| 2013 | 女性に関するASEAN＋3委員会（ACW＋3）会合⑤ | DV防止法改正／若者・女性活躍推進フォーラム |

|  | 世 界 | 日 本 |
|---|---|---|
| 2014 | 女性に関する ASEAN＋3 委員会（ACW＋3）会合⑥ | 外務省「女性参画推進室」設置／パートタイム労働法改正 |
| 2015 | 国連防災世界会議：女性と防災国連「北京＋20」記念会合／持続可能な開発サミット：持続可能な開発のための 2030 アジェンダ（SDGs）採択（ジェンダー平等と女性・女児のエンパワーメント） | 同性パートナーシップ条例（渋谷区）成立／UN Women 日本事務所開設／女性活躍推進法成立／女性活躍加速のための重点方針 2015 策定／男女共同参画基本計画④策定 |
| 2016 |  | 男女雇用機会均等法改正／育児・介護休業法改正／女性活躍推進法完全施行／女性活躍加速のための重点方針 2016 策定 |
| 2017 |  | 女性活躍加速のための重点方針 2017 策定 |
| 2018 |  | 政治分野における男女共同参画推進法公布・施行 |

# 引用・参考文献　　　　　　　　　　　　　Reference

## ❏ 第 1 章

恩賜財団母子愛育会愛育研究所(2018)，日本子ども資料年鑑，KTC中央出版.

Bem,S.L., (1974).The measurement of psychological andorogyny. Journal of Consulting and Clinical Psychology, 42,155-162.

Bem,S.L., (1981).Gender schema theory: A cognithive account of sex typing.

Brooks-Gunn,J., & Lewis,M., (1976).Infants' responses to strangers: Midget, adult and child. Child Development,4,323-332.

Carter,D.B., & Patterson,C.J., (1982).Sex roled as social convention: The development of children's conception of sex-role stereotypes. Developmental Psychology, 18,812-824.

Geschwind,N., & Galaburda,A,M., (1984). Cerebral Dominance: The Biological Fundations , Harvard University Press.

O'brien,M., & Huston,A.C.,(2001). Activity level and sex- stereotyped toy choice in toddler boys and girls. The journal of Genetic Psychology, 146(4), 527-533.

Sagara,J.,& Kang,R.H.,(1998). Parents'effects on children's gender-role attitudes: A comparison between Japan and Korea. Psychologia,41,189-198.

Seavey,C.A.,Katz,P.A., & Zalk,S.R.(1975).Baby X:The effect of gender labels on adult responses to infants. Sex roles,1(2),103-110.

伊藤裕子(1995)「女子青年の職歴選択と父母の養育態度－親への評価を媒介として－」『青年心理学研究第 7 巻』，15-29.

伊藤裕子(1997)「高校生における性差観の形成環境と性役割選択－性差観スケール（SGC）作成の試み－」『教育心理学研究第 45 巻』第 4 号，30-38.

伊藤裕子(2000)「思春期・青年期のジェンダー」伊藤裕子編『ジェンダーの発達心理学』ミネルヴァ書房，30-51.

伊藤裕子(2001)「青年期女子の性同一性の発達－自尊感情，身体満足度との関連から－」『教育心理学研究，第49巻』第4号，458-468.

伊藤裕子・秋津慶子(1983)「青年期における性役割観および性役割期待の認知」『教育心理学研究第31巻』第2号，146-151.

岩永亜季・藤原珠江(2009)「父娘関係が娘の仕事観に与える影響について」『長崎純心大学心理教育相談センター紀要第8巻』47-55.

内田伸子(2012),「日本教育心理学会公開シンポジウム　生活の中の『ジェンダー問題とは何か?』－女性にも、男性にも、不都合なジェンダー問題を明らかにする－」『教育心理学年報第51集』231-247.

内田伸子(2017),『子どもの見ている世界－誕生から6歳までの「子育て・親育ち」』春秋社.

オルポート，G.W. 原谷達夫・野村昭共訳(1968)，偏見の心理，培風館.
（Allport,G.W. (1961).The Nature of Prejudice, Addison-Wesley Publishing Company, INC., Cambridge, Massachusetts, U.S.A.）

大滝世津子(2016)『幼児の性自認－幼稚園児はどうやって性別に出会うのか－』みらい.

ギリガン，C.　岩男寿美子監訳　生田久美子・並木美智子共訳(1986)『もうひとつの声　男女の道徳観のちがいと女性のアイデンティティ』，川島書店.
（ Gilligan,C.,(1982)．In a different voice: Psychological theory and women's development., Cambridge, Massachusetts: Harvard University Press.）

相良順子(2000)「児童期の性役割態度の発達－柔軟性の観点から－」『教育心理学研究第48巻』第2号，174-181.

藤田由美子(2015)『子どものジェンダー構築-幼稚園・保育園のエスノグラフィ

ー』ハーベスト社.

ブルックス-ガン，J.，& ルイス，M. 遠藤由美訳(1982)『性役割－その形成と発達－』家政教育社.（Brooks-Gunn,J., & Matthews,W.S., (1979).He & She: How children develop their sex-role identity.Prentice- Hall, Inc. Englewood Cliffs, New Jersey. USA.）

向井隆代(2001)「母と娘の摂食障害傾向－娘の思春期との関連において－」『人間環境学研究』8(2)，97-103.

無藤清子(2000)「心理臨床的問題にみられるジェンダーの影響」伊藤裕子編『ジェンダーの発達心理学』ミネルヴァ書房，224-251.

山本真理子(1984)「性役割」日本児童研究所編 『児童心理学の進歩 1984 版』金子書房，pp.137-165.

湯川隆子(1983)「性役割」三宅和夫他編『児童心理学ハンドブック』金子書房，pp.665-687.

湯川隆子(1990)「第 4 章性役割」『発達心理学入門 II 青年・成人・老人』東京大学出版会.

山梨県立女子短大ジェンダー研究プロジェクト・私らしく、あなたらしく、やまなし編著(2003)『男女共同参画 山梨からの発信 0 歳からのジェンダー・フリー』生活思想社

❏ 第 2 章

厚生労働省 （2015）「第 3 回 21 世紀成年者縦断調査 （平成 24 年成年者） 及び第 13 回 21 世紀成年者縦断調査 （平成 14 年成年者） の概要」

　https://www.mhlw.go.jp/toukei/saikin/hw/judan/seinen16/index.html

厚生労働省 （2019）「統計情報・白書 平成 30 年人口動態統計の年間の推移」

　https://www.mhlw.go.jp/toukei/saikin/hw/jinkou/suikei18/index.html

厚生労働省子ども家庭局保育課 (2018)「保育分野の現状と取り組みについて」

（全国保育士養成協議会総会 2018 年 6 月配布資料）

厚生労働省子ども家庭局保育課（2019）「平成 30 年 10 月時点の保育所等の待
　機児童の状況について」

　https://www.mhlw.go.jp/stf/houdou/0000202678_00002.html

国立社会保障・人口問題研究所（2017）「2015 年社会保障・人口問題基本調査
　（結婚と出産に関する全国調査）現代日本の結婚と出産－第 15 回出生動向基
　本調査（独身者調査ならびに夫婦調査）報告書－」『調査報告書資料第 35 号』

　http://www.ipss.go.jp/ps-doukou/j/doukou15/doukou15_gaiyo.asp

国立社会保障・人口問題研究所（2018）「人口統計資料集 2018 年度版」

　http://www.ipss.go.jp/syoushika/bunken/data/pdf/jinkokenshiryu338.pdf

総務省統計局（2015）「平成 27 年国勢調査」

　https://www.stat.go.jp/data/kokusei/2015/index.html

総務省統計局（2017）「平成 28 年社会生活基本調査」

　https://www.stat.go.jp/data/shakai/2016/index.html

総務省統計局（2019）「労働力調査 2018 年平均速報」

　https://www.stat.go.jp/data/roudou/sokuhou/nen/ft/index.html

内閣府（2014）「結婚・家族形成に関する意識調査報告書（全体版）」

　https://www8.cao.go.jp/shoushi/shoushika/research/h26/zentai-
　pdf/index.html

内閣府（2018）「平成 30 年度版少子化社会対策白書全体版」

　https://www8.cao.go.jp/shoushi/shoushika/whitepaper/measures/w-
　2018/30pdfhonpen/30honpen.html

内閣府男女共同参画局（2018）「男女共同参画白書平成 30 年版」

　http://www.gender.go.jp/about_danjo/whitepaper/h30/zentai/index.html

労働政策研究・研修機構（2018）「データブック国際労働比較 2018」

　https://www.jil.go.jp/kokunai/statistics/databook/2018/index.html

ベネッセ教育総合研究所（2018）「乳幼児の生活と育ちに関する調査2017」

　　https://berd.benesse.jp/up_images/research/[0615]2018_Nyuyouji_tyosa_
　　web_all.pdf

三菱UFJリサーチ＆コンサルティング，平成27年度厚生労働省委託事業　平
　　成27年度ポジティブ・アクション「見える化」事業「女性の活躍推進」にむ
　　けた取組施行集，

　　https://www.mhlw.go.jp/bunya/koyoukintou/pamphlet/pdf/160701-01.pdf

柏木恵子（2004）「すれちがう夫と妻　夫婦/結婚の実態とその背景」『発達』
　　No.100，vol.25,38-46.

柏木恵子（2011）『父親になる、父親をする－家族心理学の視点から－』岩波書
　　店.

柏木恵子・永久ひさ子（1999）「女性における子どもの価値－今、なぜ子を産む
　　かー」『教育心理学研究47巻』第2号，170-179.

土肥伊都子（1995）「性役割分担志向性・実行度および愛情・好意度に及ぼす性
　　別とジェンダー・パーソナリティの影響」『関西学院大学社会学部紀要』73，
　　97-107.

永久ひさ子・柏木恵子（2000）「母親の個人化と子どもの価値－女性の高学歴化
　　有職化の視点から－」『家族心理学研究第14巻』第2号，139-150.

中山まき子（1992）「妊娠体験者の子どもを持つことにおける意識－子どもを＜
　　授かる＞・＜つくる＞意識を中心に－」『発達心理学研究第3巻』第2号，51-
　　64.

平山順子（1999）「家族を『ケア』するということ－育児期女性の感情・意識を
　　中心に－」『家族心理学研究第13巻』第1号，29-47.

森岡正博（2008）『草食系男子の恋愛学』メディアファクトリー.

谷津裕子・芥川有理・佐々木美喜・千葉邦子・新田真弓・濱田真由美・山本由香
　　（2016）「20代女性の出産イメージの特徴」『日本助産学会誌』Vol.30，No.1，

57-67.

山田昌弘・白河桃子（2008）婚活時代，ディスカヴァートエンティワン．

中田奈月（2018）「女性に偏る職業で男性はなにをしているか－男性保育者の事例から－」『日本労働研究雑誌』699，52-62.


❏ 第 3 章

厚生労働省（2018）「平成 29 年度雇用均等基本調査」

　　https://www.mhlw.go.jp/toukei/list/71-29r.html

内閣府（2018）「平成 30 年度版少子化社会対策白書全体版」

　　https://www8.cao.go.jp/shoushi/shoushika/whitepaper/measures/w-2018/30pdfhonpen/30honpen.html

内閣府男女共同参画局（2017）「男女共同参画白書平成 29 年度版」

　　http://www.gender.go.jp/about_danjo/whitepaper/h29/zentai/index.html

ベネッセ教育次世代育成研究所(2014)「第 3 回乳幼児の父親についての調査報告書」

　　https://berd.benesse.jp/jisedai/research/detail1.php?id=3329

三菱 UFJ リサーチ＆コンサルティング（2018）「平成 29 年度厚生労働省委託事業平成 29 年度仕事と育児の両立に関する実態把握のための調査研究事業労働者アンケート調査結果報告書」

　　https://www.mhlw.go.jp/file/06-Seisakujouhou-11900000-Koyoukintoujidoukateikyoku/0000174277_3.pdf

Abraham,E.,Hendler,T.,Shapira-Lichter,I.,Kanat-Maymon,Y., & Zagroory-Sharon, O. (2014). Father's brain is sensitive to childcare experiences. Proceedings of the National Academy of Sciences of the United States of America. Vol.111, No.27,9792-9797.

Barnett, R.C., & Baruch, G.K., (1985). Women's involvement multiple role and psychological distress. Journal of personality and social psychology, 48,135-145.

Field, T. M., (1978). Interaction behaviors of primary versus secondary caretaker fathers., Developmental Psychology, Vol.14(2),183-184.

Robinson, B.W., & Barret, R.L., (1986). The developing father-emerging roles in contemporary society., New York : Guilford Press.

Sefritz, E. , Esposito,F., Neuhoff,J.G., Lüthi,A., Mustovic,H., Dammann,G., Badeleben,U., Radue,E.W., Cirillo,S.,Tedeschi,G.,& Salle,F.D.,(2003). Differential sex-independent anygdala response to infant crying and laughing in parents versus nonparents. Biological Psychiatry, 54,1367-1375.

赤川利枝・近藤恵美・木戸晶子・藤原裕子・木ノ内幸子・後藤祐貴子（2009）「妊娠期から出産 1 ヶ月後における対児感情の変化と今後の両親への関わりについて－分娩室で父母による早期接触を試みて－」『日本看護学会論文集 母性看護』40, 117-119.

荒牧美佐子・無藤隆（2008）「育児への負担感・不安感・肯定感とその関連要因の違い：未就学児を持つ母親を対象に」『発達心理学研究第 19 巻』第 2 号，87-97.

江上園子（2005）「幼児を持つ母親の『母性愛』信奉傾向と養育状況における感情制御不全」『発達心理学研究第 16 巻』第 2 号，122-134.

大野祥子（2008）「育児期男性の生活スタイルの多様化－稼ぎ手役割にこだわらない新しい男性の出現－」『家族心理学研究第 22 巻』第 2 号，107-118.

大野祥子（2016）『「家族する」男性たち－おとなの発達とジェンダー規範からの脱却－』東京大学出版会.

大日向雅美（1999）『子育てと出会うとき』NHK 出版協会.

大日向雅美（2015）『増補母性愛神話の罠』日本評論社.

小野寺敦子（2003）「親になることによる自己概念の変化」『発達心理学研究第14巻』2号，180-190.

小笠原祐子（2009）「性別役割分業意識の多源性と父親による仕事と育児の調整」『季刊家計経済研究』No.81，34-42.

小倉加奈子（2015）「乳児を持つ妻から夫への援助要請が抑制される心理的プロセス－『夫は言わなくてもわかるだろう』という認知に着目して－」『家族心理学研究第28巻』第2号，107-119.

柏木恵子・若松素子（1994）「『親となる』ことによる人格発達－生涯発達的視点から親を研究する試み－」『発達心理学研究第5巻』第1号，72-83.

神谷哲司（2002）「乳児の泣き声に対する父親の認知」『発達心理学研究第13巻』第3号，284-394.

桑名行雄・桑名佳代子（2006）「1歳6か月児をもつ父親の育児ストレス－親役割認知および性役割態度との関連－」『心の健康21巻』1号，42-54.

佐々木綾子・小坂浩隆・末原紀美代・町浦美智子・波崎由美子・松木健一・定藤規弘・岡沢秀彦・田邊美智子（2010）「親性育成のための基礎研究(1)－青年期男女における乳幼児との継続接触体験の心理・生理・脳科学的指標による評価－」『母性衛生第51巻』2号，290-300.

白石玄（2019）朝日新聞2019年4月20日朝刊生活欄「キミとどたばた：縛られていた『らしさ』」（聞き手・高橋健次郎）

多賀太編著（2011）『揺らぐサラリーマン生活－仕事と家庭のはざまで－』ミネルヴァ書房.

多賀太（2017）「ジェンダーの視点から見た父親の育児支援」『別冊発達33』36-41．ミネルヴァ書房.

巽真理子（2018）『イクメンじゃない「父親の子育て」－現代日本における父親の男らしさとケアとしての子育て－』晃洋書房.

土肥伊都子・広沢俊宗・田中國夫（1990）「多重な役割従事に関する研究－役割

　従事タイプ、達成感と男性性、女性性の効果－」『社会心理学研究第 5 巻』第 2 号, 137-145.

長沼裕介・中村かおり・高村静・石田絢子（2017）「男性の育児休業取得が働き方、家事・育児参画、夫婦関係等に与える影響」『New ESRI Working Paper,No.39』内閣府経済社会総合研究所

永久ひさ子（1995）「専業主婦における子どもの位置と生活感情」『母子研究』16, 50-57.

庭野晃子（2007）「父親が子どもの『世話役割』へ移行する過程－役割と意識との関係から－」『家族社会学研究』第 18 巻第 2 号, 103-114.

根ケ山光一（2013）「アロマザリングからみた保育園と守姉」『心理学ワールド62 号：みんなで子育て　心理学からの提言』, 5-8.

根ケ山光一・柏木恵子（2010）『ヒトの子育ての進化と文化：アロマザリングの役割を考える』有斐閣.

裵知恵（2011）「夫婦の働き方とワーク・ファミリー・コンフリクト－夫婦の職業形態別にみたワーク・ファミリー・コンフリクトの規定要因」田中重人・永井暁子編『第 3 回家族についての全国調査第 2 次報告書 1 『家族と仕事』日本家族社会学会全国家族調査委員会, 111-127.

バダンテール, E. 鈴木晶訳（1991）『母性という神話』, 筑摩書房.（Badinter, E. (1980).L'AMOUR EN PLUS－Ｈｉｓｔｏｉｒｅ de L'amour maternel, XVⅡe-XXesiècle, FLAMMARION, Paris.）

福丸由佳（2000）「共働き世帯の夫婦における多重役割と抑うつ度との関連」『家族心理学研究第 14 巻』第 2 号, 151-162.

冬木春子（2008）「父親の育児ストレス」大和礼子・斧出節子・木脇奈智子編『男の育児・女の育児』, 昭和堂, 137-159.

冬木春子（2009）「父親の育児ストレスと子育て支援－地方小都市の実態調査から見えてくるもの－」『季刊家計経済研究』No.81, 24-33.

ブロンフェンブレンナー，U. 磯貝芳郎・福富護訳（1996）『人間発達の生態学
－発達心理学への挑戦－』川島書店．(Bronfenbrenner, U (1979) The Ecology
of Human Development: Experiments by nature and design. Harvard
University Press.)

村上由希子・内山忍・川越展美・山本聖子・平塚志保・良村貞子・清野喜久美
（1995）「妻の妊娠期における父性性－父性性を構成する要因－」『母性衛生』
36，250-258.

森下葉子（2006）「父親になることによる発達とそれに関わる要因」『発達心理
学研究第 17 巻』第 2 号，182-192.

矢澤澄子・国広陽子・天童睦子（2003）『都市環境と子育て』勁草書房.

朝日新聞　2019 年 4 月 20 日（土）13 版　生活欄　『人形と平成　時代と憧れ
「設定」に反映』

シルバニアファミリーホームページ

https://www.sylvanianfamilies.com/ja-jp/story/

## ❏ 第 4 章

文部科学省（2018）「平成 30 年学校基本調査」

https://www.mext.go.jp/component/b_menu/other/__icsFiles/afieldfile/20
18/12/25/1407449_1.pdf

文部科学省（2018）「日本の研究力低下の主な経緯・構造的要因案参考データ集」

https://www.mext.go.jp/kaigisiryo/2018/07/__.../2018/.../2-2_1.pdf

総務省（2018）「平成 30 年科学技術研究調査」

https://www.stat.go.jp/data/kagaku/index.html

内閣府（2017）「平成 29 年版男女共同参画白書」

http://www.gender.go.jp/about_danjo/whitepaper/h29/zentai/index.html

内閣府（2017）「平成 29 年度女性の政策・方針決定参画状況調べ」

http://www.gender.go.jp/research/kenkyu/sankakujokyo/pdf/saishin.pdf

科学技術振興機構（2018）「研究開発プロジェクトのダイバーシティを進めるために　アンケート報告（速報）」

https://www.jst.go.jp/diversity/pdf/question_result.pdf

NWEC（2016）「男女共同参画統計ニュースレターNo.19」

https://www.nwec.jp/about/publish/2014/cb4rt20000000zc8-att/NWEC-GSNL19_20160329.pdf

未来工学研究所（2016）『理工系分野における女性活躍の推進を目的とした関係国の社会制度・人材育成等に関する比較・分析調査報告書』

http://www.ifeng.or.jp/wordpress/wp-content/uploads/2019/02/043da65bffdcccf16a63c582b77fa874.pdf

横山美和・大坪久子・小川眞理子・河野銀子・財部香枝（2016）「日本における科学技術分野の女性研究者支援政策―2006 年以降の動向を中心に」『ジェンダー研究　第 19 号』お茶の水女子大学

加藤真紀（2014）「女性研究者の増加が研究成果に与える影響：試行的分析と考察」『年次学術大会講演要旨集 29 巻』研究・イノベーション学会

木村元・小玉重夫・船橋一男（2013）『教育学をつかむ』有斐閣

北原零未・信田理奈（2016）『ジェンダーが拓く未来―多様性と包摂性の尊重に向けて』一粒書房

信田理奈（2017）「学術分野の多様性と男女共同参画に関する社会学的考察―STEM 領域における女性研究者育成支援を中心として」『秋草学園短期大学紀要 34 号』

Londa Schiebinger（訳：小川眞理子）（2017）「自然科学、医学、工学におけるジェンダード・イノベーション」『学術の動向 11 月号』日本学術協力財団

日刊工業新聞「日本の女性研究者は少数精鋭」2017 年 4 月 20 日

産経新聞「社会面：大学入試差別を禁止」2019 年 4 月 6 日

## ❏第 5 章

内閣府（2017）「科学技術と社会に関する世論調査の概要」

　　https:// survey.gov-online.go.jp/h29/h29-kagaku/gairyaku.pdf

内閣府（2016）「男女共同参画社会に関する世論調査結果の概要」『共同参画 12 月号』

　　https:// survey.gov-online.go.jp/h28/h28-danjo/gairyaku.pdf

経済産業省（2016）「理工系人材育成に係る現状分析データの整理（学生の文・理、学科選択に影響を及ぼす要因の分析）資料 1」

　　https://www.meti.go.jp/policy/.../160128_entaku6_shiryo01.pdf

日本経済団体連合会（2014）「理工系人材育成戦略の策定に向けて」

　　https://www.keidanren.or.jp/policy/2014/013.html

全国高等学校 PTA 連合会・リクルートマーケティングパートナーズ（2017）「第 8 回高校生と保護者の進路に関する意識調査」

　　https://souken.shingakunet.com/research/2017_hogosya2.pdf

ベネッセ教育総合研究所（2015）「第 5 回学習基本調査報告書」

　　https://berd.benesse.jp/shotouchutou/research/detail1.php?id=4862

リベルタス・コンサルティング（2014）「全国学力・学習状況調査の結果を用いた理科に対する意欲・関心等が中学校段階で低下する要因に関する調査研究」

　　https:// www.mext.go.jp/component/a.../08/.../1361058_02.pdf

日本ロレアル報道資料（2014）「理系女子学生・社会人の"ホンネ"を調査」

　　https:// news.nihon-loreal.jp/press/2014_aug19_j_final.pdf

伊佐夏実・知念渉（2014）「理系科目における学力と意欲のジェンダー差」『日本労働研究雑誌』No.648　労働政策研究・研修機構

井上恵美・池田幸夫（2008）「理科に対する中学生の意識調査」『山口大学教育学部附属教育実践総合センター研究紀要第 25 号』山口大学

田中正子（2006）「科学する女性とジェンダー」『ジェンダー問題を考えるシン

ポジウム：高等教育の視点から』大学婦人協会

中澤智慧（2008）「ジェンダー視点から見た理科教育実践と研究の課題」国際ジェンダー学会誌　Vol.6

信田理奈（2018）「AI 時代の女性研究者育成問題－女子中高生の理科離れと理系進路選択支援について」『秋草学園短期大学紀要 35 号』秋草学園短期大学

北條雅一（2015）「数学学習の男女差に関する日米比較」『経済論集（第 99 号）』新潟大学

森永康子（2017）「女性は数学が苦手－ステレオタイプの影響を考える」『心理学評論』vol.60,No1　京都大学

Antecol,H., O.Eren and S.Osbeklik（2012）"The Effect of Teacher Gender on Student Achievement in Primary School：Evidence from a Randomized Experiment", IZA Discussion Paper,No.6453.

Beilcock,S.L., E.A Gunderson, G. Ramirez and S.C.Levine（2010）"Female Teacher's Math Anxiety Affects Girl's Math Achievement", Proceedings of the National Academy of Sciences, USA, Vol.107,No.5,pp.1060-1063.

Canes,B .and H. Rosen(1995) "Following in Her Footsteps? Faculty Gender Composition and Women's Choice of College Majors", Industrial and Labor Relations Review, Vol.48, pp.486-504.

Ehrenberg,R. G., D. D. Goldhaber and D. J. Brewer(1995) "Do Teacher' Race,Gender, and Ethnicity Matter? Evidence from the National Educational Longitudinal Study of 1988", Industrial and Labor Relations Review, Vol.48, pp.547-561.

Nixon L.A. and M.D.Robinson(1989) "the Educational Attainment of Young Women:Role Model Effects of High School Faculty", Demography, Vol.36, No.2,pp.185-194.

Clark,E.K., Fuesting,and M.A.,& Diekinman, A.B.(2016) "Enhancing interest in science:Exemplars as cues to communal affordances of science. Journal of Applied Social Psychology", Vol.46, pp.641-654.

## ❑ 第 6 章

内閣府（2017）「科学技術イノベーション総合戦略 2017」

　https://www8.cao.go.jp/cstp/sogosenryaku/2017.html

内閣府（2015）「科学技術イノベーションにおける女性の活躍の促進に向けた検討会まとめ」https:// www8.cao.go.jp/cstp/tyousakai/kihon5/12kai/siryo3-2-7.pdf

科学技術振興機構「女子中高生の理系進路選択支援プログラム　参考データ集」

　https://www.jst.go.jp/cpse/jyoshi/data/index.html

科学技術振興機構（2016）「Gender Summit10(GS10)実施企画」

　https:// www.jst.go.jp/diversity/pdf/planning201607.pdf

経済産業省（2012）『ダイバーシティと女性活躍の推進：グローバル化時代の人材戦略』

荒金雅子（2016）『多様性を活かす：ダイバーシティ経営』日本規格協会

馬越恵美子（2011）『ダイバーシティ・マネジメントと異文化経営：グローバル人材を育てるマインドウェアの世紀』新評論

デヴィッド・スターク（2011）『多様性とイノベーション：価値体系のマネジメントと組織のネットワーク・ダイナミズム』中野勉・中野真澄訳、日本経済新聞出版社

Yahoo ニュース「リケジョ進化：料理家や芸術家に」2019 年 3 月 24 日配信

# 事項・人名索引　　　　　　　　　　　　Index

※は人名

## ［た行］

【著者紹介】

村上　涼（むらかみ　りょう）

江戸川大学メディアコミュニケーション学部准教授


信田　理奈（のぶた　りな）

大妻女子大学、東京家政学院大学ほか兼任講師

## 新たな時代のジェンダー・イシュー
### ～性差と育児、科学と女性を問う～

2020年4月30日　　初版発行

編　著　　信田　理奈・村上　涼

発行所　　　株式会社　三恵社
〒462-0056 愛知県名古屋市北区中丸町2-24-1
TEL 052(915)5211
FAX 052(915)5019
URL http://www.sankeisha.com

ISBN978-4-86693-069-5